Ingrid und Ulf Annel

111 Museen in Thüringen, die man gesehen haben muss

Mit Fotografien von Juliane Annel

emons:

Bibliografische Information der Deutschen Nationalbibliothek
Die Deutsche Nationalbibliothek verzeichnet diese Publikation
in der Deutschen Nationalbibliografie; detaillierte bibliografische
Daten sind im Internet über http://dnb.d-nb.de abrufbar.

PEFC zertifiziert

Dieses Produkt stammt
aus nachhaltig
bewirtschafteten Wäldern
und kontrollierten Quellen

PEFC/04-31-1370   www.pefc.de

© Emons Verlag GmbH
Alle Rechte vorbehalten
© der Fotografien: Juliane Annel
Gestaltung: Eva Kraskes, nach einem Konzept
von Lübbeke | Naumann | Thoben
Kartografie: altancicek.design, www.altancicek.de
Kartenbasisinformationen aus Openstreetmap,
© OpenStreetMap-Mitwirkende, ODbL
Druck und Bindung: Grafisches Centrum Cuno, Calbe
Printed in Germany 2018
Erstausgabe 2015
ISBN 978-3-95451-510-3
Aktualisierte Neuauflage August 2018

Unser Newsletter informiert Sie
regelmäßig über Neues von emons:
Kostenlos bestellen unter
www.emons-verlag.de

Vorwort

Thüringen ist – schaut man auf die Quadratkilometerzahl – ein eher kleines Bundesland. Allerdings war dieser Landstrich über Jahrhunderte eine geografisch-politische Patchworkdecke aus kleinen und kleinsten Herzogtümern, ein paar freien Städten und viel sogenanntem Streubesitz. Und jeder Fürst wollte mindestens ein Schloss, dazu ein Theater, ein Orchester, jeder brauchte Platz für seine Bibliothek, für Kunst- und naturkundliche Sammlungen.

Zählt man alles zusammen, von der Heimatstube bis zum großen Schlossmuseum, kommt man in Thüringen auf weit über 300 museale Einrichtungen. Und die Museumslandschaft ist in Bewegung – Schließungen aus Geldmangel und infolge von Bränden stehen neben glänzenden Wiedereröffnungen nach Rekonstruktion, Erweiterung und Entstaubung. Neue Museen werden eröffnet, private Sammlungen der Öffentlichkeit zugänglich gemacht. Und da und dort hat jemand auch eine bisher nicht da gewesene Idee. Die Touristiker freut's. Die Einheimischen muss man immer mal wieder anstupsen, ihre vielfältigen Schätze nicht nur den Touristen zu überlassen.

Wir sind in Thüringen unterwegs gewesen und haben gestaunt. Überall, noch in den »hintersten Ecken« unseres Bundeslandes, fanden wir interessante, überraschende, manchmal humorvolle, aber immer auf Wissenszuwachs ausgerichtete Museen. Wir haben versucht, den Regionen gerecht zu werden und gleichzeitig das Besondere zu finden. Und wir geben zu, dass wir oft unser Herz eher an die kleinen und nicht ganz so berühmten Häuser verschenkt haben – aber auch die großen sind dabei.

Schon jetzt haben die Thüringer Museen pro Jahr mehr Besucher als alle Thüringer Fußballstadien zusammen. Wenn Sie möchten, können Sie sich zum Zwecke der Beibehaltung dieses Verhältnisses auf den Weg machen zu 111 spannenden Ausflugszielen.

111 Orte

1___ Die Haare schön | Altenburg
  Der »Historische Friseursalon« | 10

2___ Mischen possible | Altenburg
  Das Schloss- und Spielkartenmuseum | 12

3___ Das Orchester im Schrank | Altenfeld
  Die Musikautomatensammlung Eger | 14

4___ Glocken und Socken | Apolda
  Das Glocken- und Stadtmuseum | 16

5___ Äffisches und Puppiges | Arnstadt
  Das Schlossmuseum mit »Mon plaisir« | 18

6___ Fürstliches Schmiergeld | Auerstedt
  Das Kutschenmuseum | 20

7___ Alles fürs Kind | Bad Blankenburg
  Das Friedrich-Fröbel-Museum | 22

8___ Unten, oben, mittendrin | Bad Frankenhausen
  Das Panorama Museum | 24

9___ Berauschende Musik | Bad Köstritz
  Das Heinrich-Schütz-Haus | 26

10___ Von allerlei Arzeney | Bad Langensalza
  Das Apothekenmuseum im »Haus Rosenthal« | 28

11___ Heiliger Ort und Heil-Ort | Bad Salzungen
  Museum am Gradierwerk | 30

12___ Ältester Strichcode | Bilzingsleben
  Ausgrabungsstätte »Steinrinne« Bilzingsleben | 32

13___ Du musst kein Schwein sein | Bornhagen
  Das Wurst- und Hausschlachtemuseum | 34

14___ Blau mit weißen Tupfen | Bürgel
  Das Keramik-Museum | 36

15___ Malerisch und grafisch | Burgk
  Museum Schloss Burgk | 38

16___ Welt- und Dorfgeschichte | Crawinkel
  Das Mühlsteinhauermuseum | 40

17___ Goethe-Graffito | Dornburg
  Die Dornburger Schlösser | 42

18___ Wartburg an der Wartburg | Eisenach
  Die »automobile welt eisenach« | 44

| 19 | Rote im »Goldenen Löwen« | Eisenach
Die Gedenkstätte für den Gründungskongress der SPD | 46
| 20 | Doppelt interessant | Eisenach
Die Reuter-Wagner-Villa | 48
| 21 | Auch Pferde | Eisfeld
Museum »Otto Ludwig« | 50
| 22 | Wie aus einem Guss | Elgersburg
Das private Ofenmuseum | 52
| 23 | Gut Holz | Empfertshausen
Das Holzschnitzermuseum | 54
| 24 | Der Erfurter Schatz | Erfurt
Die Alte Synagoge | 56
| 25 | Kräuter im Kanonenhof | Erfurt
Das Deutsche Gartenbaumuseum | 58
| 26 | Deutsche Wertarbeit | Erfurt
Der Erinnerungsort Topf & Söhne | 60
| 27 | Alt und doch wie neu | Erfurt
Das Museum für Thüringer Volkskunde | 62
| 28 | Ungenutztes Trachtenfest | Frauenwald
Das Bunkermuseum | 64
| 29 | Wild und zerbrechlich | Gehlberg
Glasmuseum und Wilderermuseum | 66
| 30 | Abwärts in der Zeit | Georgenthal
Der Saurier-Erlebnispfad | 68
| 31 | Wer ist eigentlich Paul? | Gera
Das Haus Schulenburg | 70
| 32 | Bilder des Ehrenbürgers | Gera
Das Otto-Dix-Haus | 72
| 33 | Wärmstens zu empfehlen | Geraberg
Das Deutsche Thermometermuseum | 74
| 34 | Der Gesang der Frösche | Goldisthal
Das Haus der Natur | 76
| 35 | Ein Gefühl von Sicherheit | Gotha
Das Deutsche Versicherungsmuseum | 78
| 36 | Ein barockes Universum | Gotha
Das »Herzogliche Museum« | 80
| 37 | Gemütliches Streitobjekt | Gräfenroda
Das Gartenzwergmuseum | 82
| 38 | Lachen und lachen lassen | Greiz
Die Staatliche Bücher- und Kupferstichsammlung | 84

39 — Ein seltsames Schwein | Greußen
Das Heimatmuseum Greußen | 86

40 — Frisch gepresst | Großbreitenbach
Das 1. Deutsche Kloßpressenmuseum | 88

41 — Glanzstein und Bomber | Großengottern
Das Hornhardtsche Rittergut | 90

42 — Ein poetischer Realist | Heilbad Heiligenstadt
Das Literaturmuseum »Theodor Storm« | 92

43 — Stolz und kühn | Heldburg
Das Deutsche Burgenmuseum | 94

44 — Macht Milch munter? | Hildburghausen
Trützschlers Milch- und Reklamemuseum | 96

45 — Blau machen | Hochstedt
Das Heimat- und Waidmuseum | 98

46 — Schönes Alter | Hohenfelden
Das Thüringer Freilichtmuseum Hohenfelden | 100

47 — Bürgersinn und Bauernwut | Hohenleuben
Das Museum Reichenfels | 102

48 — Bischofferöder Salz | Holungen
Das Kali-Bergbau-Museum | 104

49 — Es geht um die Wurst | Holzhausen
Das 1. Deutsche Bratwurstmuseum | 106

50 — Auf Kufen in Kurven | Ilmenau
Die Schlittenscheune | 108

51 — Geheimrezepte | Ingersleben
Das Heimatmuseum Ingersleben-Neudietendorf | 110

52 — Weltsichtigkeit | Jena
Das Optische Museum der Ernst-Abbe-Stiftung Jena | 112

53 — Wunderwerkstatt Natur | Jena
Das Phyletische Museum | 114

54 — Mutz haut auf den Putz | Kraftsdorf
Das Mutzmuseum | 116

55 — Eine Krone zum Abschied | Kühndorf
Das Friedhofsmuseum | 118

56 — Jeden Tag Weihnachten | Lauscha
Das Museum für Glaskunst | 120

57 — Historie mit Herzblut | Leubingen
Die Heimatstube | 122

58 — Keineswegs verstockt | Lindewerra
Das Stockmachermuseum | 124

59   Von Kohle und Bier | Luisenthal
Das Brauereimuseum | 126

60   Sitz ich beim Schwager … | Meiningen
Das Literaturmuseum im Baumbachhaus | 128

61   Zauber der Kulisse | Meiningen
Das Theatermuseum | 130

62   Kabelbaum und Gurkensalat | Mühlhausen
Das Fernmeldemuseum | 132

63   Drauf und dran | Mühlhausen
Die Müntzergedenkstätte St. Marien | 134

64   Perlen der Glasmacherei | Neuhaus am Rennweg
Museum im Geißlerhaus | 136

65   Kreisrunde Nostalgie | Neustadt an der Orla
Museum für Stadtgeschichte | 138

66   Kultiger Mittelpunkt | Niederdorla
Opfermoor Vogtei – Museum und Freigelände | 140

67   Wasser mit Dreh | Nordhausen
Echter Nordhäuser Traditionsbrennerei | 142

68   Halleluja und Halali | Paulinzella
Das Museum im Jagdschloss | 144

69   Fische unterm Fußboden | Plothen
Museum für Fischerei- und Teichwirtschaft | 146

70   Beben und beben lassen | Ranis
Das Museum Burg Ranis | 148

71   9.000 Bälge und 14 Bälger | Renthendorf
Die Brehm-Gedenkstätte | 150

72   Schubkarren voller Bücher | Rothenacker
Das Dorfmuseum Rothenacker – Haus des gelehrten Bauern | 152

73   Gigantisch kleine Welten | Rudolstadt
»Rococo en miniature« im Residenzschloss Heidecksburg | 154

74   Flotter Dreier | Rudolstadt
Das Schillerhaus | 156

75   Nicht nur Pfeifen | Ruhla
Das Orts- und Tabakpfeifenmuseum | 158

76   Tick-Tack-Tick-Tack | Ruhla
Das Uhrenmuseum | 160

77   Interaktive Tropfsteine | Saalfeld
Das Erlebnismuseum Grottoneum | 162

78   Zeiten, Spuren, Zeichen | Schleusingen
Das Naturhistorische Museum Schloss Bertholdsburg | 164

79 — Wenn alle Stricke reißen | Schlotheim
Das Seilermuseum | 166

80 — Große Geschichte in Klein | Schmalkalden
Das »Historicum Zinnfigurenmuseum« | 168

81 — Hessen in Thüringen | Schmalkalden
Das Museum Schloss Wilhelmsburg | 170

82 — Pfiffige K(n)öpfe | Schmölln
Das Knopf- und Regionalmuseum | 172

83 — Ameisen und Krebse | Schnepfenthal
Das Museum der Salzmannschule | 174

84 — Aus Bergen und Backöfen | Schönau
Das Hörselbergmuseum | 176

85 — Ein Schloss für Vögel | Seebach
Die Staatliche Vogelschutzwarte Seebach | 178

86 — Scherben bringen Glück | Seitenroda
Die Porzellanwelten Leuchtenburg | 180

87 — Ohne Gewehr | Sömmerda
Das historisch-technische Museum | 182

88 — Von Pusten und Blasen | Sondershausen
Das Schlossmuseum | 184

89 — Bärisch gut | Sonneberg
Das Deutsche Teddybären-Museum | 186

90 — Salatgurken für Adelaide | Sonneberg
Das SOMSO-Museum | 188

91 — Nichts für Humorlose | Spahl
Das 1. Rhöner Spaßmuseum | 190

92 — Schiefergraues Gold | Steinach
Das Deutsche Schiefermuseum | 192

93 — Gemeinsam und getrennt | Streufdorf
Das Zweiländermuseum Rodachtal | 194

94 — Goethe bei Gundelach | Stützerbach
Das Goethe-Museum | 196

95 — Auf zwei und vier Rädern | Suhl
Das Fahrzeugmuseum | 198

96 — Körbeweise Geschichte(n) | Tannroda
Das Thüringer Korbmachermuseum | 200

97 — Goldwäscherstimmung | Theuern
Das Deutsche Goldmuseum | 202

98 — Unter allen Wipfeln | Thiemsburg
Das Nationalparkzentrum an der Thiemsburg | 204

99 — Heiße Reden, Kalte Küche | Tiefurt
Schloss und Park Tiefurt | 206

100 — Ritter, Rächer & Rapiere | Treffurt
Die Burg Normannstein | 208

101 — Wasser mit Balken | Uhlstädt
Das Flößereimuseum | 210

102 — Beflügelte Leidenschaft | Viernau
Das Deutsche Geflügelmuseum | 212

103 — Niedliche Unart | Waltershausen
Das Museum Schloss Tenneberg | 214

104 — Adelsdamen und ein Prinz | Wasungen
Stadtmuseum und Thüringer Karnevalsmuseum | 216

105 — Stammbaum und Störche | Wechmar
Das Bach-Stammhaus | 218

106 — Ochsen für derbe Sohlen | Weida
Das Technische Schaudenkmal Lohgerberei | 220

107 — Genie ohne Sitzfleisch | Weimar
Das Liszt-Haus | 222

108 — Schutz mit Charme | Weimar
Das Schirmmuseum | 224

109 — Von Kraft träumen | Weißenborn
Das Milo-Barus-Museum | 226

110 — Hufeisen und Pferdestärken | Wurzbach
Technisches Schaudenkmal »Gießerei Heinrichshütte« | 228

111 — Friedlicher Volltreffer | Zella-Mehlis
Das Stadtmuseum in der Beschussanstalt | 230

112 — Bestens zusammengefasst | Bonus: Ruhla
Der Miniaturenpark mini-a-thür | 232

ALTENBURG

1 Die Haare schön
Der »Historische Friseursalon«

Früher, also ganz früher, zogen direkt vor der Haustür Scharen von Händlern und Pilgern die alte Reichsstraße Via Imperii entlang – von Venedig bis zu den Hansestädten hinauf. Später, ab 1926, pilgerten Altenburger Damen und Herren hierher, zu Friseurmeister Grosse. Bis 1966 führte er seinen Salon, dann gab er ihn auf. Alles blieb stehen und liegen, versank im Dornröschenschlaf und wurde zum Glück nicht verkauft, sondern als Museum wachgeküsst. So blieben Einrichtung und Warenbestand im Original erhalten: im Herrensalon Frisiertische und Wände aus rotem und schwarzem Marmor, Waschbecken, Wasserhähne, Frisierstühle, Seifenschalen, Rasierpinsel und Werbetafeln. Ein kleines Kästchen mit Schnur zum Schärfen von Rasierklingen. Eine Bartbinde. Eine Metall-Apparatur zum Ausleihen, die schraubte man sich nachts auf die Nase, verstellte allmählich die Schräubchen, um eine schiefe Nase in eine schöne Form zu bringen. Und gefiel diese Nase einer Frau, tippte der liebestolle Mann diskret an eine gewisse Schublade. Genauso diskret holte der Friseur eine kleine Pille heraus ...

Die Herzensdame sollte und wollte natürlich auch hübsch anzusehen sein. Dafür gab es den »Folterkeller«, den Damensalon – mit einem beeindruckenden Arsenal an Folterinstrumenten. Sehr oft zu leiden hatte die Frau des Friseurmeisters, der mit einem Heißwellengerät experimentierte. Sie musste dafür ihren Kopf hinhalten und kam wiederholt mit Verbrennungen ins Krankenhaus; das Haar wurde stundenlang bei 120 Grad »gekocht«.

In den Verkaufsvitrinen stehen Schönheitsmittelchen: Zahnseife (Seife!), Wimperntusche, die zuweilen in schwarzen Tränenbächen übers Gesicht rann, bunte Zopfhalter mit Hündchen, Trockenshampoo, das fettiges Haar zusätzlich verklebte.

Im Herrenabteil liegt als moderne Zugabe ein »Playboy«. Darin rekelt sich eine junge Dame haargenau in diesem Salon. In rasiermesserscharfen Posen.

Adresse Pauritzer Straße 2, 04600 Altenburg | **Anfahrt** A4, Abfahrt Meerane, auf B93 nach Altenburg-Zentrum, am Schloss parken, zu Fuß über Theaterplatz in die Pauritzer Straße | **Öffnungszeiten** Di–So 10–17 Uhr, Nov.–März Di–So 10–16 Uhr, Gruppenführungen auch an Schließtagen, Tel. 0171/3876379 | **Tipp** Im Naturkundemuseum »Mauritianum« in der Parkstraße 1 den weltweit größten mumifizierten Rattenkönig ansehen: 32 Ratten, deren Schwänze miteinander verknotet sind.

2 Mischen possible
Das Schloss- und Spielkartenmuseum

Es gibt Thüringer Gerichte, die sind weltbekannt. Jetzt sind ausnahmsweise mal nicht Bratwurst und Kloß gemeint, sondern Gerichte mit richtigen Richtern. Der Sitz des »Internationalen Skatgerichts« befindet sich in Altenburg. Skat ist Sport, und Sport braucht Regeln. Einfach so Karten klitschen, das zeugt von kindlichem Gemüt. Wer in die Skat-Bundesliga aufsteigen will, muss die Sache mit erwachsenem Ernst bestreiten. Und die Streitfälle werden von neun Skat-Richtern bindend entschärft.

Warum in Altenburg? Vom 4. September 1813 stammt die schriftliche Ersterwähnung des »Scat«, damals noch mit »c« geschrieben, vom Altenburger Herrn von Gabelentz. Der erste deutsche Skatkongress – da war aus dem Spielspaß schon Bierernst geworden – fand am 7. August 1886 mit mehr als 1.000 Teilnehmern statt. Natürlich in Altenburg. 1899 wurde hier der »Deutsche Skatverband« gegründet.

Skat war und ist in Ostthüringen nicht nur ein Freizeitvergnügen, das sich von hier erst deutschland-, dann weltweit ausbreitete, Skat ist ein Wirtschaftsfaktor. Die Spielkartenfabrikation sicherte und sichert Arbeitsplätze. Kostenlose Werbung für das Spiel machte der Komponist Richard Strauss, der in seiner Oper »Intermezzo« eine Skatpartie komponierte.

Im Spielkartenmuseum (gegründet 1923) sind sie alle aufgeblättert: die stilprägenden Karten des Grafikers Otto Pech, dem im Museum ein ganzes Zimmer gewidmet ist, aber auch Skatkarten, gezeichnet von vielen bekannten Künstlern – von Loriot, von Manfred Bofinger, sogar von Dalí.

Man sollte aber nicht versäumen, nach der Kartenschau auch die anderen Räume des Schlosses zu besichtigen; das Sibyllenkabinett und unbedingt das Uhrenkabinett mit Zeitmessern aller Art, darunter Nachtlichtuhr und Bilderuhr mit rotierenden Windmühlenflügeln und fließendem Wasser.

Adresse Schloss 2–4, 04600 Altenburg | **Anfahrt** A4, Abfahrt Meerane, auf B93 nach Altenburg-Zentrum, dort der Ausschilderung folgen | **Öffnungszeiten** Di–So 9.30–17 Uhr | **Tipp** Im Lindenau-Museum Altenburg, Gabelentzstraße 5, werden die Sammlungen des sächsisch-thüringischen Staatsmannes, Gelehrten und Kunstsammlers Bernhard August von Lindenau gezeigt.

ALTENFELD

3 — Das Orchester im Schrank
Die Musikautomatensammlung Eger

Ein schmaler Raum mit einer Art Ladentheke in der Mitte. Wenn man die Augen schließt, kann man sich entführen lassen – in eine Spieluhren-Klimper-Kindheit, in alte Kaffeehäuser, auf Rummelplätze, in Berliner Hinterhöfe der Zille-Zeit. Ein paar Klänge genügen, vom Hausherrn Axel Eger hervorgezaubert aus einem der hier versammelten Musikautomaten, schon fühlt man sich akustisch ein Jahrhundert zurückversetzt. Aber besser ist es, die Augen nicht zu schließen, sondern die Vielzahl der unterschiedlichsten selbstspielenden Instrumente zu betrachten: von der kleinsten Spieldose über den Edison-Phonographen von 1886 und Leierkästen bis zur großen Jahrmarktsorgel der Firma Limonaire (youtuben!), bunt verziert mit Pferdekutschen und Schwänen. Man kann zuschauen, wie sich die Tasten eines Pianolas auf und ab bewegen, als würde es von Geisterhand gespielt.

Aber hier waren keine Geister am Werk, nur der menschliche Erfindungsgeist auf der Suche nach Möglichkeiten, Melodien zu speichern und wiederzugeben – weit vor der Erfindung von CDs und MP3-Playern. Hier passiert alles mechanisch, mit Rollen, Walzen, Stiften, Stahlkämmen, großen runden Metallplatten – den Vorläufern der Schallplatten.

Vater Eger rettete vor Jahrzehnten ein solches Gerät vom Schrottplatz, bastelte, tüftelte, restaurierte und brachte es wieder zum Klingen. Damit war seine Leidenschaft für die mechanischen Instrumente geweckt, wobei ihn vor allem der technisch-historische Aspekt faszinierte. »Man muss nicht musikalisch sein, um Musik spielen zu können«, erklärt der Hausherr verschmitzt und lässt lautstark ein ganzes Orchester in einem Schrank aufspielen, mit etlichen Instrumenten, Klavier, Schlagwerk und Trompete – ein Orchestrion. Und wenn man dann einem über 180 Jahre alten Vogelzungenspielwerk lauscht, kann man die leise Erinnerung in den Ohren nach Hause tragen.

Adresse Grundstraße 12, 98701 Altenfeld | **Anfahrt** A71, Abfahrt Ilmenau-Ost, über Gehren, Möhrenbach, Großbreitenbach nach Altenfeld | **Öffnungszeiten** täglich 10–18 Uhr, am besten voranmelden über Tel. 036781/42640 | **Tipp** Nur wenige Minuten entfernt liegt Neustadt a. R., wo man im Rennsteigmuseum fast alles über den Höhenweg des Thüringer Waldes und über Zunderschwämme erfahren kann.

4_ Glocken und Socken
Das Glocken- und Stadtmuseum

Glocken begleiten seit 5.000 Jahren das Leben der Menschen. Ursprünglich kamen sie aus China, wo perfekter Glockenguss eine staatstragende Funktion hatte. Konfuzius sollte die richtige Tonhöhe für eine »Stimmung« im ganzen Land finden, um die Menschen zu einen. Glockenklang galt als göttliche Stimme, sollte den Geist reinigen, Harmonie und Frieden sichern. Wo er sich ausbreitete, war kein Platz mehr für Drachen, Dämonen oder Teufel, waren Menschen und ihre heiligen Stätten geschützt. Glocken riefen die Götter herbei, versöhnten Himmel und Erde. Auch die Toten wurden von Glocken begleitet. Im alten Ägypten gab man Kindern Bronzeglöckchen mit ins Grab, als Schutz für den Weg ins Jenseits. Hohepriester trugen Glöckchen an den Gewändern, Opfertiere wurden damit geschmückt. Und sie dienten profanen Zwecken, kündigten Marktzeiten an, vermeldeten die Ankunft frischer Fische, die Öffnung römischer Thermalbäder, eine Hinrichtung, die Schließung der Bierstuben.

Mit der Verbreitung des Christentums und dem Bau von Kirchen begann die Geschichte der Turmglocken. Zunächst wurden sie von Mönchen gegossen, später von wandernden Glockengießern. Im ausgehenden Mittelalter war ihre Kunst zunehmend gefragt, auch bei der Herstellung von Kanonen (wofür oft genug Glocken eingeschmolzen wurden). Apolda entwickelte sich zur »Glockenstadt«, es gab mehrere Gießereien mit langer Tradition, hier wurde die größte frei schwingende Glocke der Welt gegossen, die Petersglocke für den Kölner Dom.

Die meisten der ausgestellten Glocken darf man berühren, anschlagen, zum Klingen bringen. So eingestimmt, kann man sich dem anderen Teil des Hauses zuwenden, der an eine andere Apoldaer Tradition erinnert. »David der Strickermann« führte 1593 hier die Kunst des Strumpfstrickens ein, 400 Jahre war Stricken und Wirken Apoldaer Haupterwerb – bis 1990 für viele dieser Betriebe die Sterbeglocke läutete.

Adresse Bahnhofstraße 41, 99510 Apolda | **Anfahrt** A4, Abfahrt Apolda, auf B87 bis Niederroßla, rechts abbiegen, Erfurter Straße bis zum Ende, dann nach links und der Ausschilderung folgen | **Öffnungszeiten** Di–So 10–17 Uhr, an Feiertagen abweichende Zeiten möglich | **Tipp** Hinter dem Kunsthaus finden Ostalgiker und Neugierige in »Olle DDR« Exponate aus naher Vergangenheit.

5 — Äffisches und Puppiges
Das Schlossmuseum mit »Mon plaisir«

Wer hier eintreten will, muss sich zunächst gründlich die Schuhsohlen putzen. Erst dann darf man ins »Neue Palais«, ein blitzsauberes Reich, in dem man sehen kann, dass einer bald über den Löffel balbiert wird, Scheren zum Kerzenschnäuzen bereitliegen und Fingerhüte vorrätig sind, in denen man eine Hand verstecken könnte. Eine Puppenhand allerdings.

Die Puppenstadt »Mon plaisir« ist bestimmt aus Langeweile entstanden. Wie sollte man sich dereinst auch seine Freizeit vertreiben ohne Kino, Fernsehen, MP3-Player und Playstation? So fertigte man Puppen, nähte Kleider, schnitzte Möbel. Es war das »plaisir«, das Vergnügen der Fürstin Augusta Dorothea von Schwarzburg-Arnstadt (Thüringen ist das Land der Kleinstaaten), der 1716 Fürstgemahl Anton Günther II. weggestorben war. Die gelangweilte Witwe ließ sich Puppenstuben bauen. Vielleicht baute sie auch mit. Wie oft wird sie in sich hineingekichert haben, denn die Interieurs und die Puppenmenschen darin waren Nachbildungen des wirklichen Lebens und realer Personen aus Adel, Bürgertum und Bauernstand. In der Tradition der barocken Kunst- und Wunderkammern wurden die Schaukästen in Hausform gestaltet: die Räume der Residenz, Szenen aus dem höfischen Leben von der Morgentoilette bis zur Abendgesellschaft mit Kammermusik, die Hofküche, Händler bei der Anlieferung, das Hoftheater, die Kirche, ein Kloster. 400 Puppen beleben die Szenerie.

Dank der männlichen Repräsentationswut eines rund 200 Jahre zuvor lebenden Schwarzburger Günthers besitzt das Schlossmuseum elf Bildteppiche (es waren mal mehr). Die brachte Günther samt Frau Katharina aus den Niederlanden mit. Die Teppichkunstwerke mit den biblischen Szenen sind – na ja, kunstvoll eben. Aber dann gibt es da noch die Jagdszenen, in denen Affen alle adligen Rollen spielen. Darwin hätte gelacht. Mensch gleich Affe? Ja, in Arnstadt, als Wandschmuck bei Familie von Schwarzburg.

Adresse Schlossplatz 1, 99310 Arnstadt | **Anfahrt** A71, Abfahrt Arnstadt-Nord, nach Arnstadt, im 1. Kreisverkehr 3. Abfahrt, über Ichtershäuser Straße, Bahnhofstraße, Erfurter Straße, links in die Ritterstraße, parken; zu Fuß zum Schloss | **Öffnungszeiten** Di–So 9.30–16.30 Uhr | **Tipp** Die Lokparade im Eisenbahnmuseum (ehemaliges Bahnbetriebswerk Arnstadt) im Rehestädter Weg erfreut nicht nur Fans der eisernen Ungetüme.

AUERSTEDT

6 — Fürstliches Schmiergeld
Das Kutschenmuseum

Viele Museen werben mit einer Reise in die Vergangenheit, allerdings zu Fuß. Hier ließe sich ein passendes Gefährt finden: ein Hochzeits-, Staats-, Jagd- oder Reisewagen aus dem Fuhrpark der Herzöge und Großherzöge von Sachsen-Weimar-Eisenach. Wie wäre es mit der Kutsche, die Zar Alexander I. seiner Schwester Maria Pawlowna zur Hochzeit mit Erbprinz Carl Friedrich schenkte? Mehr als einen Monat verbrachte das Brautpaar darin, auf dem Weg von Petersburg nach Weimar. Es gab eine eingebaute Toilette mit Loch im Boden. Gereist wurde von einer Poststation zur nächsten, dort wurden die Pferde gewechselt, wofür eine Menge Geld zu berappen war. Zusätzlich wurde Schmiergeld fällig: für das Einfetten der Radachsen. Maria brachte noch eine Droschke und einen »Linienwagen« mit. Letzterer war offen und mit nach außen gedrehten Sitzbänken gut geeignet für Spazierfahrten im Park. Man hatte einen freien Blick in die Natur, und die Passanten konnten die Kleider der mitfahrenden Damen bewundern.

Die Stadt Amsterdam schenkte Sophie der Niederlande zur Hochzeit mit Carl Alexander einen Galawagen, daneben besaß das Paar noch einen Einzugswagen für feierliche Anlässe und eine Landaulet-Dormeuse für Nachtfahrten. Eigens zur goldenen Hochzeit gönnten sie sich eine weitere Kutsche.

Allerdings kam man in der Stadt schneller mit einer Sänfte voran, damit fiel auch die leidige Parkplatzsuche weg. Oder man benutzte eine Draisine. Großherzog Carl August hatte solch eine Laufmaschine auf zwei Rädern bei Herrn von Drais bestellt, sie ist das zweitälteste bekannte Exemplar, das Drais fertigen ließ.

Als Napoleon 1808 beim Fürstenkongress in Erfurt weilte, schickte ihm Herzog August eine Kutsche, im neuesten französischen Stil in Gotha gebaut. Napoleon soll die Kutsche nie benutzt haben, wegen ihrer kugeligen Form und der Anordnung der Fenster sah sie aus wie ein Totenkopf.

Adresse Schlosshof 6, 99518 Auerstedt | **Anfahrt** A4, Abfahrt Apolda, auf B87 bis Abbiegung Reisdorf (rechts), weiter bis Auerstedt | **Öffnungszeiten** Di–So 10.30–12 und 14.30–16 Uhr, Gruppen nach Voranmeldung jederzeit willkommen | **Tipp** Das Heimatmuseum im Schloss erzählt unter anderem die Geschichte der Auerstedterin Else Eiermann, die Alfred Hitchcock zu Meisterwerken wie »Psycho« inspiriert haben soll.

7 — Alles fürs Kind
Das Friedrich-Fröbel-Museum

An der Wand des berühmten Hauses »über dem Keller« hängt eine Gedenktafel: »In diesem Haus befand sich von 1839–1844 FRIEDRICH FRÖBELs Spiel- und Beschäftigungsanstalt, der erste Kindergarten der Welt.« – Es ist wie bei vielen Entdeckungen und Erfindungen. Kolumbus hat nicht Amerika entdeckt, vor ihm kamen asiatische Wandervölker und die Wikinger. Die Erfindung des Telefons (siehe Seite 132) wird gleich mehreren Männern zugeschrieben. Das Tretkurbelfahrrad erfand 1845 der dichtende Mechaniker Heinrich Mylius aus Suhl und geriet in Vergessenheit, erst auf der Weltausstellung 1867 wurde eine französische Variante berühmt.

Und der Kindergarten? Völlig verdrängt wurde, wie es scheint, die Ungarin Teréz Gräfin von Brunszvik, die, angeregt durch eine Begegnung mit Pestalozzi, am 1. Juni 1828 den ersten »Engelgarten« in Buda gründete und dann weitere zehn dieser Kita-Vorläufer. Die Aktivitäten der Dame sind Basis der Kindergärtnerinnen-Ausbildung in Ungarn – ohne Unterbrechung seit 1837.

Unbestritten ist freilich, dass im selben Jahr Friedrich Fröbel in Blankenburg eine »Pflege-, Spiel- und Beschäftigungsanstalt« gründete und 1840 hier den ersten deutschen Kindergarten stiftete. Somit wurde er der »Vater« aller Kindergärten. Und vor allem der Wegbereiter aller vorschulischen Bildung. Sein pädagogisches Konzept ist heute weltweit bekannt und wird begeistert weiterentwickelt. Spielend, wusste Fröbel, kann das Kind die Welt erobern. »Fröbelen« sagen die Holländer zu kreativer Beschäftigung. »Kommt, lasst uns unsern Kindern leben« war Fröbels Motto. Wie junge Pflänzchen sollten die Kinder gehegt, gepflegt und ihnen beim Aufwachsen geholfen werden. Und um von »Pflanzen« auf »Kinder-Garten« zu kommen, genügte ein kleiner Gedankenblitz.

Im Museum erhält der Besucher einen Überblick über Fröbels Leben und Wirken. Die Kinder dürfen derweil ins Spielzimmer.

IN DIESEM HAUS BEFAND SICH
VON 1839–1844
FRIEDRICH FRÖBELs
SPIEL-UND BESCHÄFTIGUNGSANSTALT,
DER ERSTE KINDERGARTEN DER WELT.

1982 ALS GEDENKSTÄTTE ANLÄSSLICH DES
200. GEBURTSTAGES FRÖBELS EINGERICHTET

Adresse Johannisgasse 4, 07422 Bad Blankenburg | **Anfahrt** A71, Abfahrt Ilmenau-Ost, auf der B87 Richtung Stadtilm, in Griesheim rechts abbiegen Richtung Paulinzella, weiter bis zur B88, dort Richtung Bad Blankenburg Zentrum, über Brauhausgasse zur Johannisgasse | **Öffnungszeiten** Di–Sa 10–17 Uhr (24. Dez.–1. Jan. geschlossen), Führungen nach Anmeldung über Tel. 036741/2565 | **Tipp** Ein weiteres Thüringer Fröbel-Museum befindet sich in dessen Geburtshaus in Oberweißbach, Markt 10.

8 Unten, oben, mittendrin
Das Panorama Museum

Tief unten in den Höhlen des Kyffhäuser-Gebirges soll Kaiser Barbarossa an einem Steintisch sitzen und warten, bis sein roter Bart dreimal um den Tisch herum gewachsen ist. Alle 100 Jahre fragt er einen Zwerg, ob die Raben noch um den Berg fliegen. Erst wenn sie das nicht mehr tun, wird er herauskommen und für bessere Zeiten sorgen.

Oben auf den Berghängen wurde am 15. Mai 1525 eine Hoffnung auf bessere Zeiten blutig niedergeschlagen, in der letzten großen Schlacht des Bauernkrieges. Thomas Müntzer predigte wortgewaltig vom Recht auf Widerstand gegen die Obrigkeit und sprach den Bauern Mut zu, obwohl sie eigentlich gegen die gut bewaffneten Landsknechte der Fürsten keine Chance hatten. Während seiner Predigt erschien am Himmel ein Regenbogen. Dies wurde als Zeichen göttlichen Beistandes gedeutet, denn ein Regenbogen zierte die Fahne der Bauern. Doch kein Wunder geschah. Die Wagenburg wurde gestürmt, 6.000 Bauern und Handwerker niedergemetzelt, Müntzer enthauptet, sein Kopf auf einen Pfahl gespießt.

Zur Erinnerung an diese Zeit wurde auf dem Berg ein Rundbau errichtet – für ein einziges Gemälde. Ein Betonkoloss, weithin sichtbar. Hat man das Halbdunkel der Rotunde betreten, kann man sich diesem Gemälde ohne Anfang und Ende (123 Meter lang, 14 Meter hoch) nicht mehr entziehen, der Leuchtkraft seiner Farben, die im Scheinwerferlicht erstrahlen, als breche ringsherum Sonnenlicht durch Kirchenfenster herein. Eine Szenerie mit 3.000 Figuren, darunter Müntzer, Cranach, Dürer, Luther – ein Panorama der damaligen Zeit. Einigen Figuren gab der Maler Werner Tübke seine Gesichtszüge, als sei er durch die tiefgründige Beschäftigung mit dieser Epoche ein Teil von ihr geworden.

Zusätzliche Ausstellungen, vor allem mit Malerei des magischen Realismus, locken immer wieder nach Bad Frankenhausen. Vorher schnell ein Blick nach oben: Fliegen die Raben noch?

Adresse Am Schlachtberg 9, 06567 Bad Frankenhausen | **Anfahrt** A71, Abfahrt Artern, in Artern auf der B86 bis Abbiegung (rechts) in die Schönfelder Straße (L1172) nach Bad Frankenhausen, am Ortseingang der Ausschilderung folgen | **Öffnungszeiten** April–Okt. Di–So 10–18 Uhr, Nov.–März Di–So 10–17 Uhr, Juli–August auch Mo 13–18 Uhr | **Tipp** In einem Renaissancebau, dem ehemaligen Schloss der Grafen von Schwarzburg-Rudolstadt, befindet sich heute das Museum der Kyffhäuserregion.

BAD KÖSTRITZ

9 Berauschende Musik
Das Heinrich-Schütz-Haus

Man frage in einer deutschsprachigen Menschengruppe, wem etwas zum Stichwort »Köstritzer« einfällt. Knapp 100 Prozent der Antworten: Schwarzbier. Der berühmteste Köstritzer ist nicht mehr im Volkshirn verankert.

Als Heinrich Schütz hier am 8. Oktober 1585 seinen ersten Ton von sich gab, war das Haus eine Kneipe mit Braurecht, die »Oberschenke«. Heinrichs Vater war der Wirt, was damals ein ehrenwerter und einträglicher Beruf gewesen sein muss, sonst hätte er wohl die Tochter des Geraer Bürgermeisters nicht zur Frau bekommen. Das zweite Kind des Paares hieß Heinrich und wurde der bedeutendste deutsche Komponist des Frühbarocks. Seine Kollegen nannten ihn »parens nostrae musicae modernae«, also Vater unserer modernen Musik. Auf seinem Grabstein in der 1727 abgerissenen alten Dresdner Frauenkirche stand: »saeculi sui musicus excellentissimus«, seines Jahrhunderts hervorragendster Musiker. Ein Künstler von europäischem Rang. Stationen seiner Musiker-, Komponisten- und Kapellmeister-Laufbahn waren Kassel, Marburg, Venedig und Dresden. 55 Jahre, bis zu seinem Tod 1672, war Schütz Chef des damals besten deutschen Musikensembles, der Dresdner Hofkapelle.

Mit Glück und durch eine Menge Privilegien konnte Schütz während des Dreißigjährigen Krieges auch als Künstler überleben, weilte wieder zu Studien in Venedig, als Oberkapellmeister am dänischen Hof, als musikalischer Ratgeber der Fürstenhäuser in Hannover, Gera, Weimar, Wolfenbüttel und Zeitz. Und er komponierte pausenlos.

Das Heinrich-Schütz-Haus steht im Blaubuch der Bundesregierung als »Kultureller Gedächtnisort mit besonderer nationaler Bedeutung«. Nur gut 20 Gedenkorte sind als so bedeutungsvoll eingeordnet. Das Museum wird gefördert durch den Freistaat Thüringen und wird – fast ist man geneigt zu schreiben: logischerweise – mit etwas Geld aus dem Gewinn der Köstritzer Schwarzbierbrauerei versehen.

Adresse Heinrich-Schütz-Straße 1, 07586 Bad Köstritz | **Anfahrt** A4, Abfahrt Gera-Langenberg, Richtung Bad Köstritz, dort links in die Bahnhofstraße, weiter bis Ecke Heinrich-Schütz-Straße | **Öffnungszeiten** Di–Fr 10–17 Uhr, Sa, So und Feiertage 13–17 Uhr | **Tipp** Angeblich bekamen die Gebrüder Montgolfier 1790 mexikanische Knollen zum Verzehr geschenkt, steckten die aber in die Erde, seitdem wachsen in Europa Dahlien. In Bad Köstritz in der Julius-Sturm-Straße 10 ist das »Deutsche Dahlien-Archiv« zu Hause. Dazu Dahlienausstellung und Schaugarten.

10_ Von allerlei Arzeney
Das Apothekenmuseum im »Haus Rosenthal«

Das »Haus Rosenthal« wurde 1515 gebaut. Besichtigen kann man darin eine Bohlenstube aus dem Jahr 1467. Wie das? Sie wurde aus dem Vorgängerbau übernommen. Erst kürzlich übernommen wurde die Schenkung eines Apothekerpaares aus Eschwege: Mörser, Geräte, Waagen, Apparaturen, Gefäße, mehr als 10.000 Einzelteile aus vier Jahrhunderten Apothekengeschichte. Das restaurierte Haus und die Schenkung passten so gut zusammen, dass 2014 ein Museum eröffnet wurde. Mit Heilkräutergarten als Erinnerung an die Zeit, in der Apotheker die Zutaten für ihre Arznei noch selbst züchteten, sammelten, zerrieben, zu Pillen drehten, zu Salben rührten.

Im Haus gibt es eine Kräuterkammer, eine Giftkammer und die Offizin. Seltsame Zutaten sind da zu finden, zum Beispiel Waldschneckensaft, Spanische Fliegen, Tausendfüßler, Moschus, Zibet. Oder Bezoarsteine, Klumpen unverdaulicher Dinge, die sich in den Mägen von Tieren bilden und nach einiger Zeit ausgewürgt werden, zumeist mit einer harten Kruste. Früher wurden ihnen magische Fähigkeiten zugeschrieben, sie galten als wirksames Mittel gegen Vergiftungen (nachzulesen auch in »Harry Potter«). Gern trug man einen Bezoar als kostbares Schmuckstück bei sich, um ihn mal schnell ins gereichte Getränk zu tauchen. Gegen »Erbschaftspulver« (eine Prise Arsen, fein geschmacksneutral untergemischt) half er allerdings nicht.

Ergänzt wird die Ausstellung durch Exponate, die vorher im Stadtmuseum zu sehen waren, so auch das nachgebaute Laboratorium des Langensalzaer Apothekers Johann Christian Wiegleb (1732–1800), der 1779 die erste private Lehranstalt zur Ausbildung von Apothekern gründete.

Wer sich im verwinkelten Haus den Kopf stößt, dem mag ein Glas Wein helfen – früher wurde Kranken Wein als Stärkungsmittel empfohlen. Paracelsus nannte das Destillat des Weines »al cohol«, das Zarteste, Feinste. Aber: Allein die Dosis macht's!

Adresse Bergstraße 15a, 99947 Bad Langensalza | **Anfahrt** A4, Abfahrt Eisenach-Ost, auf B84 nach Bad Langensalza, über Poststraße, Steinweg, Lange Straße, Wiebeckplatz, Mühlhäuser Straße, rechts in die Bergstraße | **Öffnungszeiten** Mi–Sa 13–17 Uhr, So und Feiertag 10–17 Uhr, Nov.–März Mi und Sa 13–17 Uhr, Führungen nach Anmeldung über Tel. 03603/8945896 | **Tipp** Unbedingt durch alle Gärten vom Japanischen bis zum Rosengarten flanieren.

BAD SALZUNGEN

11 — Heiliger Ort und Heil-Ort
Museum am Gradierwerk

Nicht erschrecken: Gleich nebenan schweben Gestalten in weißen Kapuzengewändern durch lange Gänge, deren Seitenwand dicht mit Schwarzdornreisig bestückt ist.

Das Museum in der »Alten Inhalation« erzählt die Geschichte der Stadt anhand von Salz – für den Menschen der kostbarste aller Edelsteine. Lebensnotwendig. Salzquellen galten als heilige Orte, um ihren Besitz wurden erbitterte Kämpfe geführt. Fand die legendäre Salzschlacht zwischen verfeindeten germanischen Stämmen dereinst hier statt? Mit dieser Frage im Kopf kann man der Spur des Salzes folgen, vorbei an einem keltischen Siedeofen. Später wurde das Salzsieden zur einträglichen Arbeit, die der Stadt über Jahrhunderte Reichtum bescherte. In großen Pfannen siedeten die Pfänner die Sole, nach allen Regeln der Kunst. Dabei setzten sie Blut oder Eiweiß zu, um mit dem sich bildenden Schaum unerwünschte Schwebstoffe abzuschöpfen. Auf Fuhrwerken wurde das Salz ausgeliefert, nach Meiningen, Weimar, Bayern. Allerdings nicht nachts. Dem Salzschmuggel waren die Riegel der Stadttore vorgeschoben. Tags war Zoll fällig, das »weiße Gold« warf gutes Geld für die Steuerkasse ab.

Die Salzsieder verbrauchten immens viel Feuerholz. Um die Wälder zu schonen, ließen sie die Sole über Reisigwände rieseln, was den Grad der Salzkonzentration erhöhte – das Gradierwerk war erfunden. Und weil die Salinenarbeiter erstaunlich gesund waren, wurde flugs ein neuer, attraktiver Wirtschaftszweig erschlossen: das Kurwesen. Es entwickelte sich ganz prächtig in Salzungen, das alsbald den Namenszusatz »Bad« bekam. Wer etwas auf sich hielt, kurte hier. In weißen Gewändern. Und legte abends eine flotte Sohle aufs Parkett, gestärkt durch die stärkste Sole, die es in Europa gibt.

Gewiss hatte die Kurkapelle ihre Noten auf ganz normalem Notenlinienpapier stehen – und nicht auf Notenliniensalz, das es in der Ausstellung zu sehen gibt.

Adresse An den Gradierhäusern 4, 36433 Bad Salzungen | **Anfahrt** A4, Abfahrt Waltershausen, auf L1027 über Winterstein, Bad Liebenstein, Barchfeld (B62) nach Bad Salzungen, in Bahnhofsnähe Parkplatz suchen und zu Fuß wenige Meter bis zum Museum / Stadt-Info | **Öffnungszeiten** täglich 10–17 Uhr | **Tipp** Im rund zwölf Kilometer entfernten Breitungen beherbergt das Schloss ein »Aktivmuseum Ländliches Brauchtum«.

12 — Ältester Strichcode
Ausgrabungsstätte »Steinrinne« Bilzingsleben

Dieses Museum ist ein anschaulicher Beweis dafür, welch großen historischen Wert Unordnung haben kann – wenn sie vor etwa 370.000 Jahren hinterlassen wurde. Damals lebten hier Waldelefanten, Nashörner, Hirsche, Bären – genügend Nahrung für eine Gruppe Urmenschen. Ein See und die gute Aussicht sprachen ebenfalls für die Immobilie auf der Uferterrasse. Als die Siedler weiterzogen, blieb alles so, wie es war. Besenrein musste nicht sein.

Auf den Hinterlassenschaften lagerte sich Kalkstein ab, der Jahrtausende später abgebaut wurde. Beim Abtragen der untersten Geröllschicht stieß ein Forscherteam auf sensationelle Fundstücke: fünf Tonnen Steine, Knochensplitter, Holzstücke, Geweihe, Pflanzenabdrücke. All diese Puzzleteile vermitteln eine Vorstellung davon, welche Pflanzen und Tiere es gab, wie die Gruppe zusammenlebte, wie sich das Lager in Wohn- und Arbeitsbereiche unterteilte, wo Feuerstellen waren, welche Werkzeuge benutzt wurden.

Doch noch immer bleiben Rätsel. Eins davon: ein Elefantenknochen mit eingeritzten Parallelen. Sieben Striche schräg, vierzehn Striche senkrecht, dann fehlt ein Stück Knochen. Vielleicht auch mit sieben Strichen? Das ergäbe 28. Eine Art Mondkalender? Nun, das ist und bleibt Spekulation. Niemand hat heimlich mitgeschnitten, in welcher Sprache und worüber sich die Urmenschen unterhielten, während einer diese Striche ritzte. Die Forscher drücken es so aus: Dies ist der älteste Beweis eines grafisch aufgezeichneten Gedankens. Eine Art Schriftstück.

Ein anderes Rätsel: der kreisrunde Platz, mit Steinen und flachen Knochen gepflastert und – im Unterschied zum restlichen Lager – weitgehend frei von Müll. Ein Platz für rituelle Handlungen? Durch schützende Scheiben kann man einen Blick darauf werfen, tief hinab in vergangene Zeiten, und versuchen, diesem Rätsel nachzuspüren. Wer lieber selbst archäologisch wühlen möchte, kann das hier ebenfalls.

Adresse Frömmstedter Straße, 06578 Bilzingsleben | **Anfahrt** A71, Abfahrt Heldrungen, auf B86 bis Ortseingang Kindelbrück, dort auf L2088 nach Bilzingsleben | **Öffnungszeiten** April–Okt. Di–So 10–16 Uhr, letzte Führung 15.30 Uhr; Nov.–März nur auf Voranmeldung, Gruppen ab zehn Personen bitte anmelden | **Tipp** Im sechs Kilometer entfernten Schloss Kannawurf (in Rekonstruktion), Schlossplan 1, kann man sich einmieten oder Theater, Konzerte, Kabarett erleben.

BORNHAGEN

13 Du musst kein Schwein sein
Das Wurst- und Hausschlachtemuseum

Es soll ja Leute geben, die nur Gemüse essen und trotzdem Wurstfinger haben. Überhaupt: Vegetarismus und Thüringer Essgewohnheiten sind nicht so richtig kompatibel. In Bornhagen, am westlichen Rand des Eichsfeldes in der Nähe des Dreiländerecks Thüringen-Hessen-Niedersachsen, wird das ganz besonders deutlich. Hier hat man für Stracke, Feldgieker, Ahle & Co. ein Museum eingerichtet.

Man nehme nur mal Eichsfelder Feldgieker. Solche Wurst wird nach jahrhundertealten Rezepten hergestellt, gehacktes und gewürztes Schweinefleisch wird schlachtwarm in handgenähte Hüllen aus der Bauchfetthaut vom Schwein gefüllt und dann am besten in lehmverputzten Kammern mit Fenster nach Norden gut belüftet ein Jahr zur Reifung aufgehängt. Wir lieben Lebensmittel. Auch wenn die meisten Würste heute industriell hergestellt werden.

Im Wurst- und Hausschlachtemuseum unterhalb der Burg Hanstein hängen ordentliche Hackebeilchen und alles, was man zur Hausschlachtung eben so braucht. Bilder und weitere Ausstellungsstücke bezeugen eine über 300-jährige Schlachttradition. Wer sich vor scharfen Messern fürchtet und selbst an saubersten Stellen noch Blut riecht, kann sich das Ganze filmisch zweidimensional angucken. Der Eintritt ist frei. Für fachkundige Führungen wird ein kleiner Obolus erhoben. Das Museum ist Teil des »Klausenhofes«. Hier kehrten schon im 15. Jahrhundert Händler und Reisende ein, später dann vor allem Göttinger Studenten und hungrige Wanderer, die von der Burg Hanstein den Ausblick ins obere Leinetal genossen hatten und nun nach Speis und Trank verlangten. Dass einst die innerdeutsche Grenze vor der Haustür lag, war der Gastfreundlichkeit des Hauses abträglich, und man nutzte den »Klausenhof« als große Nähstube. Heute heißt es hier: Leben und leben lassen. Das Ableben der Museums-Schweine gehört unabdingbar dazu.

Adresse Klausenhof, Friedensstraße 28, 37318 Bornhagen | Anfahrt A38, Abfahrt Arenshausen, auf der B80 bis Hohengandern, dort links abbiegen nach Bornhagen | Öffnungszeiten Do–So 12–17 Uhr und nach Vereinbarung über Tel. 036081/61422 | Tipp Knapp 50 Kilometer von Bornhagen entfernt kann man im »Europäischen Brotmuseum« Ebergötzen, Göttinger Straße 7, museal das Brot unter die Wurst legen.

14 Blau mit weißen Tupfen
Das Keramik-Museum

Eine blaue Schürze oder viele weiße Tupfen sind Markenzeichen für Keramik aus Bürgel, wo seit Jahrhunderten zahlreiche Töpferwerkstätten alle nur erdenklichen Gefäße anfertigten: Töpfe, Flaschen, Teller, Tassen, Becher, Schüsseln, Krüge, Rahmtöpfchen, Gänsetränken, Wärmflaschen, Terrinen, Tüllenkannen, Backformen, Butterfässer, Siebschüsseln, Mohnreibeschüsseln, Scherzkrüge, Apothekentöpfe, Retorten, Deckeltöpfe, Balsamtöpfe, Gewürzdosen, Hochzeitsteller, Doppelhenkelbräute und Sparbrüste – Sparbüchsen in einer sehr speziellen Form. Fette gelbe Tonerde wurde per Hand und Augenmaß auf der Drehscheibe geformt, luftgetrocknet und zum Teil glasiert. Jeweils rund 2.000 Gefäße wurden in den Brennofen gestapelt und bis zu 24 Stunden gebrannt. Bei höchster Temperatur warf der Töpfer ein Gemisch aus Salz, Bleiglätte und pulverisiertem Kobaltglas auf die Stapel. Die schmelzende Masse bildete auf einer Seite der Gefäße die »blaue Schürze«. War alles fertig, zogen die Töpferfrauen über 40 Märkte, sie waren mehr unterwegs als zu Hause.

Als die industrielle Massenproduktion das traditionelle Handwerk verdrängte, schwenkten einige Töpfer um auf Zierkeramik: in Gipsformen gegossen, mit antiker Anmutung, barocken Schnörkeln und mehrfarbigen Glasuren. Eine Besinnung auf die Schönheit schlichter Formen setzte ein, als der Jugendstil- und Alleskünstler Henry van de Velde beratend nach Thüringen kam. Für Bürgeler Werkstätten entwarf er Gebrauchsgeschirr, er führte neue Gefäßformen und Dekore ein. Damit wurde Bürgel ein wichtiges Zentrum der Jugendstil-Keramik.

Zu DDR-Zeiten war das blaue Geschirr mit den weißen Tupfen heiß begehrt, auch für die Ausstattung von Staatsratsempfängen oder zur Devisenbeschaffung. Zum Glück pflegen die Töpfer noch heute ihr Handwerk, sodass alle Liebhaber des berühmten Bürgeler Blau-Weiß und vieler neuer Dekore immer wieder der Versuchung erliegen können.

Adresse Kirchplatz 2, 07616 Bürgel | **Anfahrt** A9, Abfahrt Bad Klosterlausnitz nach Bürgel, am Markt parken, zu Fuß zum Museum hinter der Kirche | **Öffnungszeiten** Di–So 11–17 Uhr, Dez.–Feb. Di–So 11–16 Uhr | **Tipp** Unter www.amviehtheaterbeulbar.de findet man die Veranstaltungstermine eines pittoresken Open-Air-Theaters im nahe gelegenen Dörfchen Beulbar.

15 Malerisch und grafisch
Museum Schloss Burgk

Hoch über der Oberen Saale thront ein Märchenschloss. Man kann durch seine prunkvollen Räume wandeln, vorbei an kostbaren Möbeln, Gemälden, Waffen, Jagdtrophäen. Und Geweihmöbeln: seltsame Gestelle aus ineinandergefügten Geweihen. Aber nicht nur die herrschaftlichen Räume sind sehenswert, sondern auch die Schlossküche. Schöner ließe sich eine spätmittelalterliche Küche in keinem Filmstudio nachbauen: die Arbeitstische, die Gerätschaften, das Zinngeschirr, vor allem aber der große Herd mitten im Raum. Die Kamera müsste einmal nach oben schwenken, um die gewaltigen Ausmaße des Rauchfangs zu erfassen. Die Wände gehen allmählich in seine Schwärze über – mit über 20 Metern ist der Küchenkamin der größte seiner Art in Deutschland.

Eine andere Art von Schwärze spielt in einer speziellen Sammlung des Museums eine Rolle: Druckerschwärze. Schloss Burgk sammelt Exlibris, in Zeiten des E-Books vermutlich eine aussterbende Kunstform. Exlibris (»aus den Büchern«) gibt es, seit Büchersammler im Besitz ihrer Schätze bleiben wollten, ohne sie dafür an die Kette legen zu müssen. Stattdessen wurde ein Blatt ins Buch geklebt, mit dem Namen darauf, oft künstlerisch gestaltet. Viele Künstler schufen solche kleinformatigen Druckgrafiken, 75.000 dieser Blätter bilden hier nun eine der großen europäischen Sammlungen.

Zuweilen geistern viele Menschen durchs Schloss: bei Konzerten, Theateraufführungen oder mittelalterlichen Burgspektakeln. Wer will, kann hier ganz märchenhaft heiraten und für seine Gäste in der Schlossküche den mechanischen Bratenwender (gefertigt vom Turmuhrmacher) in Gang setzen. Das golden verzierte Himmelbett im Prunksaal steht allerdings nicht zur Verfügung, das diente einst Staatsgeschäften.

Märchenhaft ging es auch zu, als rund um das Schloss der Film »Die goldene Gans« gedreht wurde. Zum Glück blieb der Hauptdarstellerin der Bratenwender erspart.

Adresse Ortsstraße 16, 07907 Burgk | **Anfahrt** A9, Abfahrt Schleiz, Richtung Saalburg, der Ausschilderung Schloss Burgk folgen, am Ortseingang parken (keine Parkplätze im Ort!), wenige Meter zu Fuß zum Schloss | **Öffnungszeiten** April–Okt. Di–So 10–18 Uhr; Nov.–März Di–So 11–16 Uhr | **Tipp** Der Saaleturm gleich neben dem Parkplatz bietet 192 Stufen für noch mehr Aussicht.

16 Welt- und Dorfgeschichte
Das Mühlsteinhauermuseum

Irgendwie ist es naheliegend, dass die Satiriker Jean Paul und August von Kotzebue, beide lange Jahre in Thüringen lebend, Crawinkel wenigstens mit dem Finger auf der Landkarte besuchten. Sie bezeichneten kleingeistige Kleinbürgerorte als Krähwinkel. Ein bisschen ungerecht gegenüber Crawinkel ist diese Klangnähe schon, denn erstens hieß der Ort an der Kreuzung zweier wichtiger Heer- und Handelsstraßen um das Jahr 1000 herum Cravunkele. Und zweitens war Crawinkel ein großes, wichtiges Fuhrmannsdorf mit Pferdeschwemmen zum Tränken und Reinigen der Zugtiere, mit Stallungen für mehr als 200 Pferde und mit Gasthöfen und Herbergen für die Fuhrleute, die sich von hier über den Thüringer Wald auf den beschwerlichen Weg nach Franken machten. Ohne Crawinkler Vorspanndienste war der Anstieg hoch auf den Beerberg kaum zu schaffen.

Jahrhundertelang bestimmten Mühlen das Bild der Städte und Dörfer. Man zähle mal die Mühlstraßen in seinem Heimatort. All diese Mühlen brauchten Mühlsteine zum Mahlen. Diese Steine kamen seit Ende des 15. Jahrhunderts auch aus Crawinkel. 1875 arbeiteten hier elf Werkstätten, die jährlich rund 600 Mühlsteine herstellten. Der letzte wurde 1953 gehauen.

Das kleine Museum wurde in der alten Mühle eingerichtet und bietet neben Mühlsteinhauerhistorie und Ortsgeschichte einen Eisenbahnkrimi, denn hier sind Reste des berühmten Salonwagens von Compiègne ausgestellt. In diesem wurde das Ende des Ersten Weltkrieges und damit das Ende des deutschen Kaiserreichs besiegelt. Hitler benutzte aus Rache den inzwischen als Museum eingerichteten Wagen wieder, um darin 1940 die Kapitulation Frankreichs unterzeichnen zu lassen. Am selben Ort, im Wald von Compiègne. Dann ging der Waggon auf Schienen-Odyssee über Berlin nach Ruhla, später nach Gotha. Zum Kriegsende wurde er auf dem Bahnhof Crawinkel fast vollständig zerstört. Weltgeschichte im Dorfmuseum.

Adresse Bahnhofstraße 10, 99330 Crawinkel | **Anfahrt** A71, Abfahrt Gräfenroda, auf B88 über Gräfenroda und Frankenhain nach Crawinkel | **Öffnungszeiten** Besuch nur nach Voranmeldung über Tel. 03624/4089053 oder in der Naturpark- und Touristinformation Ohrdruf, Tel. 03624/317949 | **Tipp** Im Park des Ohrdrufer Schlosses Ehrenstein, Schlossplatz 1, kann man lustwandeln, und das Schloss ansehen.

17 — Goethe-Graffito
Die Dornburger Schlösser

Hoch oben auf dem Muschelkalk-Plateau über der Saale thronen drei Schlösser, zwei davon können besichtigt werden. Doch schon allein die Aussicht vom »Balkon des Saaletals« und ein Gang durch die Parkanlagen lohnen die Reise nach Dornburg.

Einer, der die »wunderliebliche Aussicht« und die Ruhe zum Arbeiten genoss, war mehrfach hier: Goethe. In insgesamt 56 Jahren brachte er es auf über 20 Besuche in der Sommerresidenz des Weimarer Hofes. Und so erinnern die Schlösser heute zwar auch an ihre Bauherren und ehemaligen Besitzer, vor allem aber an den berühmten Besucher. Nach seinem ersten Aufenthalt tadelte er den verwahrlosten Zustand. Das änderte sich nach und nach. Goethe wohnte im Rokokoschloss, wenn er als herzoglicher Minister im Amt Dornburg tätig war, außerdem widmete er sich dem Wetter, beobachtete die Wolken, betrieb botanische Studien, beschäftigte sich mit Mineralogie, arbeitete an der »Iphigenie« und am »Egmont«.

Das Renaissanceschloss erwarb Herzog Carl August erst später. Als er starb, entzog sich sein Freund Goethe den Trauerfeiern und trübseligen Gedanken, indem er nach Dornburg floh, in die »Bergstube« des Renaissanceschlosses. Was nur als kurze Flucht vor der Konfrontation mit dem Tod geplant war, wurde ein Aufenthalt von drei Monaten. Er korrespondierte, empfing Besucher, flanierte durch die Gärten, schrieb die »Dornburger Gedichte«. Da sein eigener Weinkeller fern war, bat er einen Jenaer Bekannten um Lieferung. Wein vertrug er in beachtlichen Mengen, schätzte ihn als Lebenselixier, das die dichterische Phantasie anregt. Mit dem Winzer diskutierte er über die Verbesserung des Anbaus. Während unter seinem Fenster die Reben reiften, schrieb Goethe eine Abhandlung über den Weinanbau.

Es ist nicht überliefert, wie viel er getrunken hatte, ehe er sich am Fensterrahmen mit schwungvoller Schrift verewigte. Die Nachwelt sicherte das Goethe-Graffito mit Glas und Rahmen.

Adresse Max-Krehan-Straße 2, 07774 Dornburg | **Anfahrt** A4, Abfahrt Jena-Lobeda, in Jena auf die B88 Richtung Dornburg, dort der Ausschilderung folgen, parken, spazieren gehen | **Öffnungszeiten** April–Okt. Do–Di 10–17 Uhr | **Tipp** Nebenan liegt Frauenprießnitz mit der Taufkirche des berühmten Kabarettautors Joachim Ringelnatz. Taufkännchen noch vorhanden.

EISENACH

18_ Wartburg an der Wartburg
Die »automobile welt eisenach«

Nein, die Kleinschreibung ist kein Fehler. Zwar steht über dem Eingang des Museums in Großbuchstaben »AWE«, aber das sind Reste des ehemaligen Automobil-Werkes Eisenach, auf dessen Gelände das Automobil-Museum eingerichtet wurde.

Nun also »awe«. Schon vor dem Ausstellungsgebäude kann man lesefähige Kinder einen schön schweren Zungenbrecher aufsagen lassen: Doppelkurbelkniehebeltiefziehpresse – ein solches Monstrum steht da, der Witterung ausgesetzt, und zeugt von menschlichem Erfindergeist und deutscher Ingenieurskunst. Und während man noch die Riesenmaschine vor Augen hat, wird einem im Vorraum des Museums vor dieselbe geführt, wie filigran ein Autounterbau ist, auf wie wenig Material man baut, wenn man vermeintlich sicher über die Autobahnen rast. Aber die Autos rufen flehentlich: »Mensch, fahre uns!« Nun ja, die Autos drin in den Ausstellungshallen rufen ganz leise aus der Vergangenheit. Manchmal kommt es zum stummen Zwiegespräch, der eine oder andere männliche Besucher möchte gar niederknien und anbeten. Die Augen der Oldtimer-Verliebten glänzen, und die Jugend wundert sich, mit welchen Kisten Uropa sich auf die Straße getraut hat. Was heute in Fließbandmassenproduktion mit Roboterhilfe hergestellt wird, wurde ja mal in gemütlicher Einzelzusammenschraubung erprobt. Der Schrauberübervater in Thüringen hieß Heinrich Ehrhardt (siehe Seite 230), der 1896 die Automobilproduktion in Eisenach startete, übrigens nach Daimler und Benz der Dritte in Deutschland. Im »awe« stehen die Mobile, die man in Eisenach produziert hat, in ununterbrochener historischer Reihe.

Nur ein besonderer »Wartburg« steht nicht im Eisenacher Museum, sondern im »Haus der Geschichte der Bundesrepublik« in Bonn: der von Eisenacher Autobau-Lehrlingen kurz nach der Jahrtausendwende gefertigte »Wartburg 353«. Hergestellt ausschließlich aus Goldstaub – wie vor der Wende Autoersatzteile hießen.

Adresse Friedrich-Naumann-Straße 10, 99817 Eisenach | **Anfahrt** A4, Ausfahrt Eisenach-Ost, B84, dann Langensalzaer Straße (B19), rechts in die Clemensstraße, Rennbahn, dann rechts Friedrich-Naumann-Straße | **Öffnungszeiten** Di–So 11–17 Uhr, April–Okt. 10–18 Uhr | **Tipp** Wer in Eisenach war, ohne *die* Wartburg besucht zu haben, war nicht in Eisenach.

EISENACH

19 Rote im »Goldenen Löwen«

Die Gedenkstätte für den Gründungskongress der SPD

Zweierlei zeichnete Thüringen zum Ende des 19. Jahrhunderts politisch aus: eine gewisse Preußenferne und eine liberalere Einstellung der adligen Staatsoberhäupter. Zwei wichtige Gründe, warum hier die Ur-SPD gegründet werden konnte und ihre Anfangswirren überstand.

»Die Gedenkstätte ›Goldener Löwe‹ in Eisenach ist eine der wichtigsten Stätten der Geschichte der deutschen Sozialdemokratie.« So liest sich die Werbung für das Haus, in dem am 7. August 1869, geleitet von August Bebel und Wilhelm Liebknecht, der Gründungskongress der Sozialdemokratischen Arbeiterpartei (SDAP) eröffnet wurde. Der eigentliche Gründungsort, das Hotel »Zum Mohren«, existiert nicht mehr. Zum Glück vielleicht, weil die SPD sonst Schwierigkeiten hätte, ihn politisch korrekt zu benennen. Gründungsort: Hotel »Zum stark pigmentierten Bürger mit Migrationshintergrund und kolonialer Vergangenheit«?

Im Ernst. Ein Besuch der Eisenacher Gedenkstätte sollte nur der Beginn einer Reise durch die Gründungszeit der Sozialdemokratie sein, denn 1875 reichten sich »Eisenacher« und »Lassalleaner« die Hände, und zwar in Gotha (Gedenkstätte »Tivoli« mit dem Gemälde, auf dem zu sehen ist, wie klein und geheim damals alles noch war). Sie trafen sich illegal auf der Wachsenburg, und 1891 fand im Erfurter »Kaisersaal« ein weiterer wichtiger SPD-Parteitag statt, auf dem das teils pragmatisch-reformistische, teils marxistisch geprägte »Erfurter Programm« verabschiedet wurde.

Man ist versucht, die heute führenden SPD-Genossen zu einem Besuch in Eisenach zwangszuverpflichten. Hier könnten sie den roten Faden wieder aufnehmen, sich an die Verantwortung für ihre eigene Geschichte erinnern und die Quellen erfolgreichen parteipolitischen Tuns bestaunen, damals als sie die Interessen der arbeitenden Bevölkerung vertraten. Freiheit, Gleichheit, Brüderlichkeit! Auch für Frauen.

Adresse Marienstraße 57, 99817 Eisenach | **Anfahrt** A4, Abfahrt Eisenach-Ost, stadteinwärts auf B84, weiter auf Bad Langensalzaer Straße (B19), Clemensstraße, Bahnhofstraße und Barfüßerstraße zur Marienstraße | **Öffnungszeiten** Mo–Fr 10–17 Uhr (Anmeldung trotzdem angeraten, Tel. 03691/882723; Gruppenführungen auch außerhalb der Öffnungszeiten) | **Tipp** Das »Thüringer Museum« im Stadtschloss Eisenach besitzt eine der bedeutendsten Porzellansammlungen des Freistaates.

EISENACH

20 Doppelt interessant
Die Reuter-Wagner-Villa

Am 15. Juli 1874 wurde Fritz Reuter unter großer Anteilnahme der Bevölkerung auf dem Eisenacher Friedhof beigesetzt. Reuter, der berühmte Schriftsteller aus Stavenhagen in Mecklenburg, wie kam der auf einen Thüringer Gottesacker?

Sein Lehrer Karl Horn war ein »Lützower Jäger« und verbunden mit den demokratischen Ideen der Urburschenschaft. 1833 wurde der Student Reuter für nichts weiter als Sitzen in Versammlungen und ein paar Diskussionen festgenommen und 1836 wegen »Teilnahme an hochverräterischen burschenschaftlichen Verbindungen in Jena und Majestätsbeleidigung« zum Tode verurteilt. Begnadigt zu 30 Jahren Festungshaft, saß er letztendlich sieben Jahre im Gefängnis. Sein Vater enterbte ihn. Aber Reuter fand seinen Platz im Leben, heiratete und wurde ein berühmter Schriftsteller, Liebling der unvereinten Nation, der sich für seinen Lebensabend eine Villa im liberalen Eisenach leisten konnte, wo es Ruhe und viel frische Luft gab. Und wo auf Anraten des Reuterfreundes und Sanssouci-Chefgärtners Juhlke im Berggarten unterhalb der Wartburg fast 400 Bäume angepflanzt wurden und Rebstöcke, Erdbeeren und Spargel wuchsen. Ein Garten Eden, der bis zu Reuters Tod sein Lebensinhalt war. Als auch Reuters Ehefrau verstorben war, kaufte die Stadt Eisenach die Villa. So wurde das Haus ein Museum.

Und die Wagner-Sammlung in der Villa? Immerhin die zweitgrößte nach Bayreuth. Die hat der Verehrer Nikolaus Oesterlein für sein Privatmuseum in Wien zusammengetragen. Aber die Wiener teilten Oesterleins Begeisterung für Wagner und die rund 20.000 »Devotionalien« nicht. Der Eisenacher Literaturprofessor Kürschner regte die Rettung der Sammlung an, die Stadt Eisenach kaufte. Im Reuter-Haus waren noch repräsentative Räume frei. Und so entstand das museale Doppelwesen Reuter-Wagner-Villa. Wagnerianer, pilgert hierher! Und Mecklenburg-Vorpommern sollte in Gänze Urlaub in Eisenach machen.

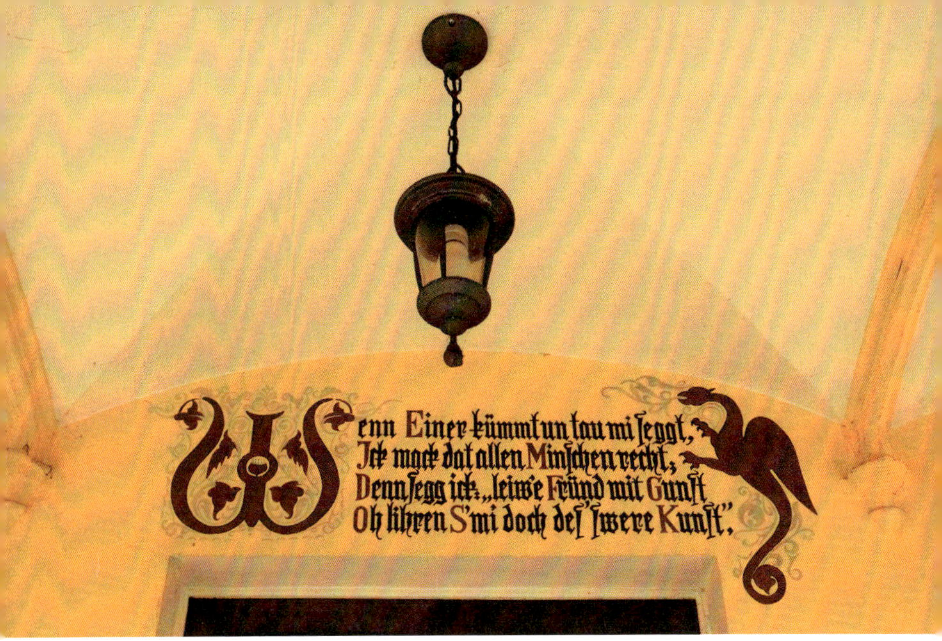
Wenn Einer kümmt un tau mi seggt,
Ick mack dat allen Minschen recht,
Denn segg ick: „leiw'e Fründ mit Gunst
Oh lihren S'mi doch des' swere Kunst“.

Adresse Reuterweg 2, 99817 Eisenach | Anfahrt A4, Abfahrt Eisenach-Ost, stadteinwärts auf B84, weiter auf Bad Langensalzaer Straße (B19), Clemensstraße, Bahnhofstraße und Barfüßerstraße zur Marienstraße; parken, zu Fuß in den Reuterweg | Öffnungszeiten Mi–So 14–17 Uhr (manchmal eingeschränkt durch Trauungen), für Gruppen und Schulklassen: außerhalb der Öffnungszeiten, Voranmeldung Tel. 03691/743293 | Tipp Am Johannisplatz im Eisenacher Zentrum steht das wahrscheinlich schmalste bewohnte Fachwerkhaus Deutschlands, nur 2,05 Meter breit, weit über 250 Jahre alt.

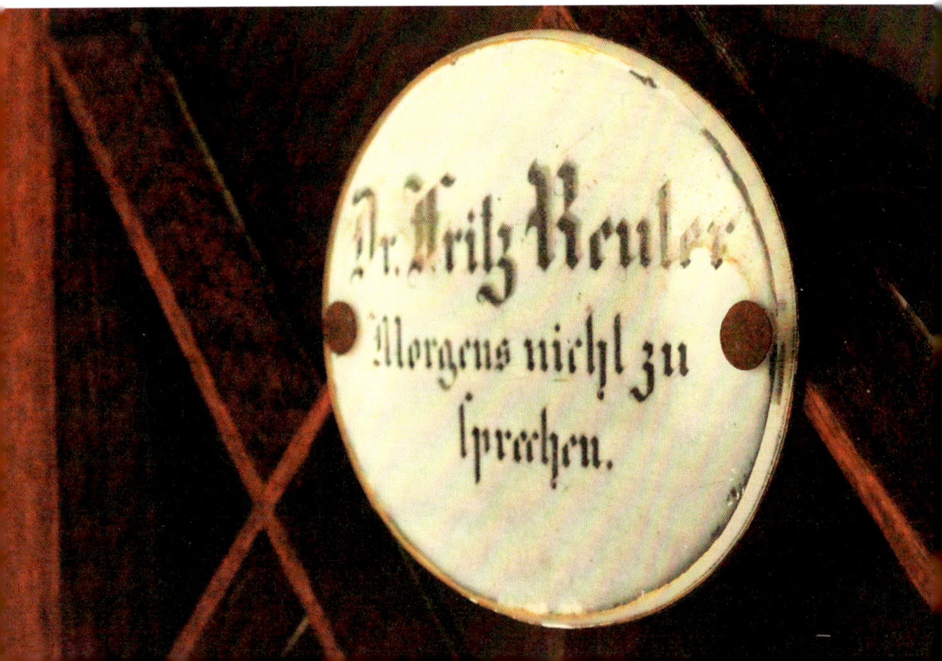
Dr. Fritz Reuter
Morgens nicht zu
sprechen.

EISFELD

21 Auch Pferde
Museum »Otto Ludwig«

Wer meint, schon ausreichend Porzellansammlungen gesehen zu haben, irrt – ein Besuch in diesem Museum lohnt sich allemal. Und das nicht nur wegen des Porzellans, aber auch deswegen. Die Rezeptur für dieses begehrte Material wurde mehrfach entdeckt: im alten China, in Sachsen durch den Alchemisten Böttger – und unabhängig davon in kleinen Dörfern des Thüringer Waldes. 1885 gab es hier 876 Betriebe, die über 60 Prozent des gesamten deutschen Porzellans produzierten, zur Freude europäischer Adelshäuser, für die das feine Geschirr Statussymbol war.

Verblüffend: eine Sammlung von Porzellanplattenmalerei. Porträts, die so täuschend echt aussehen, als handle es sich um Fotografien. Rätselhaft: schlichte weiße Figuren (Hase, Ente, Bär, Vogel, Hund) am Stiel. Nostalgisch: Massenartikel wie Polsternagelköpfe, Schildchen, Armaturen, Griffe und Flaschenverschlüsse, Letztere in allen Farben, manche zweifarbig. Hinreißend: die Porzellanfigur »Museumsbesucherin« (auf dem Cover zu sehen). Eine kleine, rundliche Frau in Filzlatschen, mit Hütchen, Henkeltasche und verzücktem Blick. In der Hand einen Museumsführer.

Darin könnte sie nachlesen, dass auch die Kelleretage des Museums Sehenswertes bietet: traditionelle Werkstätten, Töpferei, Holzstabweberei, eine Schnitzerwerkstatt für kleine und große Holzpferde, stark stilisiert oder kunstvoll bemalt. Daneben eine Märbelmühle, die kleine Steinwürfel so lange schliff, bis sie rund waren und nun Märbeln, Marbeln, Marmeln, Murmeln, Schusser, Schosser, Klicker, Klucker, Schropfer oder Pascher hießen. Sie wurden bis nach England und Holland verkauft, dienten als Schiffsballast, Munition oder Kinderspielzeug.

Und wer war Otto Ludwig? Ein Dichter, 1813 in Eisfeld geboren. 1842 verließ er nach anzüglichen Bemerkungen über sein »berufs- und brotloses Leben« Eisfeld für immer. 200 Jahre später wird seiner gedacht, im Schloss und im Otto-Ludwig-Gartenhaus.

Adresse Markt 2, 98673 Eisfeld | **Anfahrt** A73, Abfahrt Eisfeld-Nord, nach Eisfeld, in der Stadt über Marktstraße zum Markt, parken und wenige Meter zu Fuß zum Schloss | **Öffnungszeiten** Di–Fr 10–16 Uhr, Sa, So 13–17 Uhr | **Tipp** Eine der letzten originalen Märbelmühlen befindet sich in Sachsenbrunn bei Eisfeld. Unter www.bleistiftzeichnung.de findet man Informationen und den Weg.

22 — Wie aus einem Guss
Das private Ofenmuseum

Elgersburg heißt Elgersburg wegen der aus dem Jahr 1088 stammenden – man glaubt es kaum – Elgersburg. Bad Elgersburg hieß es gar mal, im Mai 1837 wurde hier die erste Kaltwasserheilanstalt Deutschlands eröffnet. Nichts für Warmduscher. Der Schriftsteller Fritz Reuter erzählt davon in »Ut mine Stromtid«. Der Maler Edvard Munch war mehrmals da, Goethe kletterte schon 1776 hier herum und verbrachte in Enkelbegleitung seinen letzten Geburtstag 1831 in Elgersburg. Vergessen, vorbei, vergangen.

Und heute? Einen ganz speziellen Blick in die Vergangenheit ermöglicht das Ofenmuseum von André Thiel, der seit Jahren Gussöfen sammelt und restauriert. Alle Stücke sind aus Metall, keine Ofenkachel ist da, die man aus bedenkenloser Ringelnatz-Schriftsteller-Liebe verschenken könnte.

Seinen ersten Ofen fand Thiel in der Nachwendezeit auf dem Schrott. Seitdem hat ihn die Sammelleidenschaft gepackt. Säulenöfen, Plattenöfen, Mandelöfen, Kaminöfen. Manchmal getauscht gegen alte Mühlsteine. Einige dieser Öfen wurden zwischen 1880 und 1920 in Wurzbach (siehe Seite 228) gegossen.

Das waren noch Zeiten, als Öfen eher Kunstgegenständen glichen, als Ofenplatten biblische Geschichten erzählten und Plättöfen sechs Bügeleisen aufheizten, die man mit einem Wechselgriff nehmen und nutzen konnte. Ganz obendrauf das kleine, schlankere Plisseebügeleisen, mit dem jeder Stoff scharf auf Kante gebracht werden konnte.

Diese kalten Schönheiten, die heute in der ausgebauten Scheune stehen, waren alle mal ganz heiße Öfen. Wie sie heißen, woher sie stammen, steht auf naturbelassenen Schiefertafeln. Das gibt es sonst nirgendwo, nicht mal im Schiefermuseum. »Kastenofen«, steht da. »Zirkularofen«. »Frühstücksherd«. Sogar Öfen auf Rollen gibt es. Und wer noch nicht wusste, woher die Redewendung »einen Zahn zulegen« kommt, in Elgersburg kann man es erfahren.

Adresse Jägerstraße 12, 98716 Elgersburg | **Anfahrt** A71, Abfahrt Ilmenau-West, dann L3004, nach 2 Kilometern rechts Richtung Elgersburg, dort links in die Jägerstraße | **Öffnungszeiten** an Sonn- und Feiertagen (bitte klingeln), sonst auf Anfrage, Tel. 03677/790765 oder info@kleines-ofenmuseum.de | **Tipp** Im »Hotel am Wald« in der Schmücker Straße 20 kann man eine kleine Ausstellung zur Geschichte des Hotels besichtigen, das in den 20er Jahren Kinderheim der »Roten Hilfe« war, mit Unterstützern von Einstein über Zille bis Tucholsky.

EMPFERTSHAUSEN

23 Gut Holz
Das Holzschnitzermuseum

Hier in »Buchonia«, dem Land der Buchen, wie die Rhön auch genannt wird, ist Holz ein Kulturgut, aus dem Kunstgegenstände gefertigt werden. Empfertshausen ist praktisch ein Holzskulpturen-Freiluftmuseum. Und mittendrin steht das eigentliche Museum, das Ende des 19. Jahrhunderts von Großherzogin Sophie von Sachsen-Weimar-Eisenach gestiftet wurde, und zwar als Ausbildungsort für Holzschnitzer. »Alte Schnitzschule«, steht am Haus. Gibt es auch eine neue? Ja, weil die alte bald zu klein war, um Schülern und Lehrern ausreichend Platz zu bieten.

Rhönholzschnitzerei hat eine jahrhundertealte Tradition. Im Museum kann man sehen, dass Holz der Universalrohstoff vergangener Zeiten war. Vieles, was heute aus Plaste oder Metall ist, war früher aus Holz. Plaste allerdings wächst nicht nach. Löffel, Gabeln, Teller, Bilderrahmen, Schüsseln, Tischdekorationen, Spielfiguren, Schreibtischsets. Das sollte man sich alles in Ruhe und einzeln ansehen, dann entdeckt man aussterbende Gegenstände wie Tintenlöschwiegen und Brieföffner. Und Kaiser Wilhelm als Pfeifenkopf.

Holz lebt. Es half auch, das Überleben zu sichern in Zeiten, als die Männer in Kriege geschickt wurden. Frauen, Lehrlinge und Alte schnitzten kleine Figuren – hohe Handwerkskunst, die das oft klägliche, aber tägliche Brot einbrachte. Das lag dann auf Brottellern wie jenem, der im September 1912 in Empfertshausen zu einer Pfarrershochzeit übergeben wurde, zwei Generationen lang in Thüringen unterwegs war und 1997 an seinen Entstehungsort zurückkehrte. Der Nussbaumholzteller glänzt heute im Holzschnitzmuseum.

Eine Etage höher werden wechselnde Ausstellungen gezeigt. Regelmäßig finden in Empfertshausen internationale Bildhauer-Symposien statt. Die Rhöner Holzkunst-Routen findet man im Internet, da kann man Wanderungen samt Verschnaufpausen mit Blick auf Holzkunst und Besuche bei Schnitzern planen.

Adresse Hauptstraße 31, 36452 Empfertshausen, www.rhoener-holzkunst-routen.de |
Anfahrt A4, Abfahrt Waltershausen, über Bad Liebenstein, Immelborn, Dermbach nach Empfertshausen | **Öffnungszeiten** Mi, Do und Fr 13–17 Uhr; Besuche außerhalb der Öffnungszeiten anmelden: Tel. 036964/93078 oder rhe2000@web.de | **Tipp** Auf www.jowei.de findet man Kontakt zu Holzschnitzern, die Nussknacker und Vollfiguren nach Fotovorlage auf Bestellung schnitzen, echte Porträteinzelstücke. Weihnachtsgeschenke rechtzeitig bestellen!

ERFURT

24 Der Erfurter Schatz
Die Alte Synagoge

Nähert man sich der Stadt Erfurt, sieht man auf Autobahnschildern eine Kostbarkeit: einen mittelalterlichen Hochzeitsring, der nur während der jüdischen Trauungszeremonie getragen wurde. Gedacht als Versprechen für eine gemeinsame Zukunft. Vermutlich währte diese Zukunft nur kurz. Der jüdische Bankier Kalman von Wiehe versteckte den Ring und andere Wertsachen vor möglicher Plünderung, wahrscheinlich 1349, bevor in einem verheerenden Pogrom die jüdische Bevölkerung Erfurts umgebracht wurde.

Jahrhunderte blieb der Schatz verborgen, bis 1998 Bauarbeiter zufällig darauf stießen. Dieser »Erfurter Schatz« ist weltweit einmalig: über 3.000 Silbermünzen, Silberbarren, Silbergeschirr, Goldbroschen mit Edelsteinen, Ringe, Schmuck für Gürtel und Gewänder, insgesamt fast 30 Kilogramm. Das Prachtstück ist jener filigrane Hochzeitsring mit einem tempelartigen Miniaturgebäude, darin eingeschlossen eine winzige goldene Kugel. Auf dem Dach in hebräischen Buchstaben: »Masel tov«. Viel Glück.

In Erfurt gab es zunächst keinen geeigneten Ort, um diesen Schatz zu präsentieren, so reiste er um die Welt, wurde in Paris, New York, London und Tel Aviv gezeigt. Zu dieser Zeit wurde die Alte Synagoge saniert. Nach dem Pogrom war sie zweckentfremdet genutzt worden, als Lagerraum. Zwischendecken wurden eingezogen, das Gebäude wurde unterkellert, diente später als Tanzsaal und Teil einer Gaststätte, im Keller wurde gekegelt. Dass es sich um eine Synagoge handelte, übrigens die älteste erhaltene Synagoge Mitteleuropas, war längst aus dem öffentlichen Bewusstsein verschwunden. So blieb sie erhalten und wurde nach ihrer Sanierung als Museum eröffnet, das an das mittelalterliche jüdische Leben in der Stadt erinnert. Glanzpunkt der Ausstellung ist der Jüdische Schatz.

Man sollte unbedingt einen Videoguide mit auf den Rundgang nehmen – der bietet anschaulich aufbereitete Zusatzinformationen.

Adresse Waagegasse 8, 99084 Erfurt | **Anfahrt** Von A4 oder A71 Richtung Erfurt-Zentrum beziehungsweise Domplatz fahren, parken, zu Fuß durch das mittelalterliche Andreasviertel zum Museum | **Öffnungszeiten** Di–So 10–18 Uhr | **Tipp** Ganz in der Nähe befindet sich die Mikwe, das jüdische Ritualbad, hinter der Krämerbrücke (Do öffentliche Führung, April–Okt. 16 Uhr).

25 Kräuter im Kanonenhof
Das Deutsche Gartenbaumuseum

Einst stand hier ein Kloster, dem heiligen Cyriakus geweiht. Nach dem Abbruch wurde 1480 die Cyriaksburg gebaut und in der Preußenzeit erweitert. Heute lädt in der ehemaligen Defensionskaserne ein in Deutschland einmaliges Museum ein, die Magie der Pflanzen und die Welt der Gärten zu erkunden. Man kann Valentine, ein höchst lebendiges Pflanzenmodell, bei der Fotosynthese beobachten. Über Kopfhörer hört man Larven des Getreidekäfers am Körnervorrat knabbern. Oder man lauscht dem mittelalterlichen Gerichtsprozess gegen Pflanzenschädlinge: Maikäfer, die ganze Felder kahl gefressen hatten.

Jeder Raum überrascht mit anderer Gestaltung. In einem weiß gefliesten Labor wird die Züchtung und Vermehrung von Pflanzen vermittelt. Auf dem Weg durch die Epochen der Gartenkunst betritt man eine mittelalterliche Klosterküche, defiliert an baumartigen Gestellen vorbei, die an akkurat gezirkelte Schlossgärten erinnern, läuft auf verschlungenen Pfaden, dem Ideal englischer Gärten nachgestaltet, begegnet der Klarheit eines japanischen Gartens. Man kann sich – beinahe – in den unterirdischen Festungsgängen verirren und zwischendurch den Kräutergarten im Kanonenhof besuchen, für eine Apfelpause.

Denn: *An apple a day* … Ein Apfel hat den Sündenfall verursacht. Der Fall eines anderen Apfels verhalf Newton zur Erkenntnis der Schwerkraft. Vor allem aber verlockt so ein Apfel, herzhaft hineinzubeißen – wenn er nicht aus Gips oder Papiermaschee sortengetreu nachgebildet wurde, als Lehrmittel für Obstbauvereine. Ein ganzer Raum des Museums präsentiert solche Modelle – nebst augenzwinkernd eingefügten Spielarten: Augapfel, Reichsapfel, Weihnachtsbaum-Glitzer-Apfel. Und einen Apfelgriebsch, dieses Ding mit den vielen Namen: Krebs, Butz, Krotz, Krüpper, Knurz, Knust, Kitsche.

Schulklassen können im integrierten Gewächshaus einen Garten für die heimische Fensterbank anlegen.

Adresse Gothaer Straße 50, Cyriaksburg, 99094 Erfurt | **Anfahrt** A71, Abfahrt Erfurt-Bindersleben, über Schmira nach Erfurt, vorbei an Messe Erfurt, dann Parkplatz suchen und zu Fuß zum ega-Park, Museum im Park | **Öffnungszeiten** März–Juni, Okt. Di–So 10–18 Uhr; Juli–Sept. Mo–So 10–18 Uhr; Nov.–Febr. nur für Gruppen ab zehn Personen nach Vereinbarung, Tel. 0361/223990 | **Tipp** Erfurts neuestes Museum ist das Puppenstubenmuseum Am Fischersand 9.

26_Deutsche Wertarbeit
Der Erinnerungsort Topf & Söhne

»Topf & Söhne« war einst eine ganz normale, 1878 in Erfurt gegründete Firma, deren Mitarbeiter komplette Mälzereien, Brauereimaschinen und Silos bauten. Vor dem Ersten Weltkrieg fertigten sie Schornsteine und gasdichte Türen und Fenster sowie die leistungsfähigsten Braunkohleöfen. 1933 Zahlungsschwierigkeiten. Zwei Jahre später standen zwei Sessel in der Chefetage, darauf saßen Ludwig und Ernst-Wolfgang Topf. Es ging aufwärts. Dann begann der Krieg, wieder schlingerte die Firma. Schuldenstand knapp eine halbe Million Reichsmark. Und da hatten die Chefs eine Idee. Topfs bewarben sich und waren fortan die Ofenbauer von Buchenwald und anderen KZs. Deutsche Ingenieurskunst schaffte es, dass unglaubliche 4.400 Leichen pro Tag verbrannt werden konnten. Schnell, sicher, hygienisch, nahezu rückstandslos.

Am 4. November 1942 stellte die Firma einen Patentantrag: »Durchlaufofen für die Massenverbrennung großer Anzahl von Leichen«. Die Beseitigung sollte noch effizienter erfolgen. Die Patentschrift wurde als geheim eingestuft und deshalb zunächst nicht bearbeitet. Anfang der 50er Jahre erteilte das Bundespatentamt für diesen Antrag ein Patent an »Topf & Söhne, Wiesbaden«. Ernst-Wolfgang hatte sich aus Erfurt abgesetzt.

In Bruder Ludwigs Abschiedsbrief vor dem Suizid stand, er sei anständig gewesen, und er beteuerte seine Unschuld. Die auch von ihm unterschriebenen Geschäftsbriefe aus der Zeit des Faschismus endeten immer mit »… stets gern für Sie beschäftigt«.

Gegen Ernst-Wolfgang wurde im Westen kurzzeitig ermittelt. Es kam nie zu einem Prozess. Trotz anderslautender Beteuerungen Topfs gab es keinerlei Zwang zum Ofenbau, aber es gab immer guten Profit. Nach der Wende besetzten junge Leute das Topf-Gelände, damit es nicht Spekulanten in die Hände fiele. Zunächst zähneknirschend finanzierten das Land Thüringen und die Stadt Erfurt den heutigen Erinnerungsort.

Adresse Sorbenweg 7, 99099 Erfurt | **Anfahrt** A4, Abfahrt Erfurt-Vieselbach, stadteinwärts auf der Weimarischen Straße, dann links abbiegen in den Sorbenweg | **Öffnungszeiten** Di–So, Feiertage 10–18 Uhr; Spenden willkommen | **Tipp** Die Zeitzeugen sterben aus, aber Zeugnisse dieser schrecklichen Zeit findet man in Thüringen weitere, unter anderem das KZ Buchenwald bei Weimar und das KZ Mittelbau-Dora bei Nordhausen, wo Teile der V2 produziert wurden.

ERFURT

27 Alt und doch wie neu
Das Museum für Thüringer Volkskunde

Manche Museen haben so altbackene Namen. Volkskunde! Was soll das denn Spannendes sein? Einspruch! Namen sind Schall und Rauch. Gut, und was zieht uns nun in das Museum, das sich ein wenig tangential, also am Rand der Erfurter Innenstadt, versteckt? Zunächst ein Slogan: Gesichter, Geschichten, Gegenstände. Germanischer Stabreim und das »G« gesellen sich gut zueinander, um große Gruppen von Grazien und Gesellen ins Guseum – 'tschuldigung, Museum – zu geleiten. Gut, ge!? Drin kann man nach Herzenslust erforschen, wie lange Uroma brauchte, um sich festlich anzuziehen. Ob man an Rock und Bluse sehen konnte, aus welchem Thüringer Dorf die Maid kommt. Wo die lustigste oder die hässlichste Faschingsmaske zu finden ist. Ob man wirklich zwischen den Zeilen in den Geschichtsbüchern Familiäres entdecken kann.

Neugierige können stundenlang die Schubfächer des Jahrhundertschranks aufziehen und staunen. Die Fächerinhalte erzählen Jahr für Jahr Geschichten, man schaut in die Gesichter der Vorfahren, meist kleine Leute, die Großes geleistet haben, weil sie sich und ihre Familien durch Fährnisse und Wirrnisse gebracht haben. Man kann schauen und hören, lunsen und lesen.

Das Museum lebt. Zu den Dauerausstellungen, die in Abständen erneuert werden, gibt es zahlreiche Sonderausstellungen. Die zeigen, dass Volkskunde nicht irgendwo in der Vergangenheit aufhört, sondern bis ins Heute führt. Kichern und nostalgische Gefühle löste die »Schürzenparade« aus. Auch Küchenschürzen erzählen viel über den Alltag des Volkes. Jüngeres Publikum schaute ins Museum bei »Jugend – Made in Germany«, um sich Vati und Mutti anzusehen, als die jung waren. Oldie-Fans kamen zu »Die Beatles im Osten«, Tierfreunde zu »Auf den Hund gekommen – Kulturgeschichtliches zu einem besonderen Haustier«. Leider ist auch die lustige »Schlagerkissen«-Schau vorbei. Aber an Ideen für neue Ausstellungen ist kein Mangel.

Adresse Juri-Gagarin-Ring 140a, 99084 Erfurt | **Anfahrt** A4, Abfahrt Erfurt-West Richtung Zentrum, auf dem Stadtring / Juri-Gagarin-Ring bis fast zum Ende, rechts in die Franckestraße, gleich wieder rechts ins Krämpferufer abbiegen | **Öffnungszeiten** Di–So 10–18 Uhr | **Tipp** Wie und warum das Erfurter Volk eine friedliche Revolution machte, erfährt man in der Gedenk- und Bildungsstätte, dem ehemaligen Stasi-Gefängnis in der Andreasstraße.

FRAUENWALD

28 Ungenutztes Trachtenfest
Das Bunkermuseum

Übernachtung mit Grusel-Feeling ist hier unter der Erde möglich. Man kann es sich aber auch im Hotel schön machen und dann in den Bunker und in die jüngere ostdeutsche Geschichte hinabsteigen. Zuallererst muss man mit Aha-Effekt zur Kenntnis nehmen, dass dieser Bunker niemals benutzt werden musste. Der »Kalte Krieg« ist glücklicherweise nie in eine heiße Phase eingetreten. Im Kriegsfall hätte der Bunker als Ausweichführungsstelle der Suhler Bezirksverwaltung des MfS gedient, ein Stasi-Bunker also. Mit dicken Mauern, Bleimantel und Säureschutz gesichert gegen Angriffe mit B- und C-Waffen, mit unabhängiger Wasserversorgung aus zwei Tiefbrunnen, mit Frischluftansaugung durch eine »Straßenlaterne« und einem separaten, geheimen Telefonnetz. Bei verseuchter Luft hätte man wie in einem U-Boot selbst Sauerstoff erzeugen können. Nach einem Atomschlag wäre hier noch mindestens eine Woche Überleben möglich gewesen. Und dann?

Aber hat der Klassenfeind überhaupt gewusst, was da perfekt getarnt im Wald unter angeblichen Bauten eines Wasserwirtschaftsbetriebes versteckt war? Schon der Deckname der Einrichtung – »Trachtenfest« – wies eher auf traditionelles Thüringen hin als auf militärisch Geheimes. Selbst für die Anlieferung von Lebensmittelkonserven für den Ernstfall galt die allerhöchste Geheimhaltungsstufe. Die Dosen mit Erbsen-Möhren-Mischgemüse und Schmalzfleisch wurden extra umetikettiert und als Epoxidharz für die Wasserbetriebe deklariert. Solche und ähnliche Geschichten erzählt der Museumsführer auf dem Weg durch die 3.600 Quadratmeter Bunker. Er erzählt mit viel leiser Ironie. Das geht nun, nachdem das Militärmonstrum Museum geworden ist.

Und von wegen Frauen-Wald. Ein gut gewählter Ortsname, um den Feind in die Irre zu führen. Frauen gab es hier im und unter dem Wald fast keine. Krieg ist Männersache.

Frauen an die Macht! Ob's nützt?

Adresse Gelände des Waldhotels »Rennsteighöhe«, Am Rothenberg 1, 98711 Frauenwald | **Anfahrt** A71, Abfahrt Ilmenau-Ost, durch Ilmenau, auf der Waldstraße ortsauswärts Richtung Neustadt, am Rennsteig rechts Richtung Allzunah, dann der Ausschilderung folgen | **Öffnungszeiten** Besuch nur mit Führung, Information und Anmeldung über Tel. 036782/62200 | **Tipp** Keine halbe Stunde entfernt liegt Schönbrunn. Das dortige Gewürzmuseum, Neustädter Straße 20, weist eine über 100-jährige Geschichte auf.

29 Wild und zerbrechlich
Glasmuseum und Wilderermuseum

Zwei lebensgefährliche Tätigkeiten werden hier unter einem Dach präsentiert: Wilddieberei und Glasmacherei.

Wild zu jagen war bis ins Mittelalter das Recht jedes freien Mannes. Doch dieses Recht wurde zunehmend von den adligen Landesherren entzogen, da sie nicht wollten, dass ihnen jemand in ihren Lieblingssport pfuschte. Wenn aber die Not groß war, behalf sich mancher Hungerleider mit »Schwarzgeherei«, legte Schlingen, stellte Fallen. Das war höchst gefährlich: für die Tiere, die oft tagelang litten; für den Förster und für den Wilderer, falls der eine den anderen erwischte. Die Frevler wurden mit einem Geweih auf der Stirn gebrandmarkt, in eine Hirschhaut eingenäht, auf einen lebenden Hirsch geschmiedet und zu Tode gehetzt, geblendet, mit Geldstrafen, Zwangsarbeit oder Tod am Galgen bestraft. Das alles schreckte die Verwegenen nicht. Manche Wilderer wurden für ihre Rebellion gegen die Obrigkeit als Volkshelden gefeiert. Einige von ihnen stellt das Museum vor, wie den berühmten Stülpner-Carl und den Thüringer Rhönpaulus.

Der andere Teil des Museums zeigt, wie aus einer Glashütte der Ort Gehlberg erwuchs. 1645 erhielten zwei Glasmacher von Herzog Ernst I. das Recht, hier eine Glashütte zu errichten, dazu Brauhaus, Backhaus, Mühle, Wohnhäuser, Scheunen, Ställe. Und sie bekamen Tranksteuerfreiheit für jährlich 60 Eimer Bier.

Rund 350 Jahre lang war die Glasmacherei Haupterwerbsquelle der Gehlberger. Ende des 19. Jahrhunderts wurde allmählich von Haushaltsglas auf Laborgeräte und Glasinstrumente umgestellt. Der Glasfabrikant Max Gundelach lernte Conrad Röntgen kennen und entwickelte mit seinen und dessen Mitarbeitern die Röntgenröhre. Viele Male pro Tag testeten sie die Röhren an sich selbst, was ihnen einen elenden Tod bescherte. Auf dem Friedhof ist ihnen gemeinsam ein Denkmal gesetzt. Röntgen wurde für seine Entdeckung mit dem ersten Nobelpreis für Physik geehrt.

Adresse Glasmacherstraße 1, 98559 Gehlberg | **Anfahrt** A71, Abfahrt Gräfenroda, in Gräfenroda links auf die L2149 nach Gehlberg | **Öffnungszeiten** Mai–Okt. Mi–Fr 11–17 Uhr, Sa, So, Feiertage 13–17 Uhr; Dez.–April jeweils bis 16 Uhr; Nov. geschlossen | **Tipp** Über den Rhönpaulus, einen deutschen Robin Hood, erfährt man Weiteres im Museum in Dermbach und im Schloss Kaltennordheim.

GEORGENTHAL

30 Abwärts in der Zeit
Der Saurier-Erlebnispfad

Dieses Museum muss man sich erwandern. Für den »Fränkischen Lindwurm«, den »Kleinen Flugdrachen«, den »Großfüßigen Bergläufer« und für ihre Brüder und Schwestern und sonstigen Verwandten muss man sich etwas Zeit nehmen. Das geht besonders gut in Familie oder als Schulklasse. So wandert oder spaziert man fröhlich auf den Spuren der Thüringer Urzeitechsen.

Wie bitte, Sauriere in Thüringen? Ja, in Thüringen heißt das Sauriere, damit es sich im Plural vom Einzelurvieh unterscheidet. Jetzt aber mal im Ernst: Thüringen ist Saurierland. Gewesen. Hat ein paar Millionen Jahre gedauert. Vor ungefähr 300 Millionen Jahren lag Thüringen noch auf dem Urkontinent Pangäa, der Thüringer Wald wuchs noch nicht, auch das Mittelgebirge war noch nicht aufgetürmt. Die Saurier watschelten noch nicht so ausgewachsen wie die bekannten Dinos à la Tyrannosaurus rex, Stegosaurus oder Deinonychus durch die Gegend. Lange vor diesen Dinos lebten hier Ursaurier, die man nun archäologisch ausbuddeln kann. Der nahe liegende Bromacker ist voll mit versteinerten Tieren und Tierspuren.

Die Paläontologen klatschen vor Freude immer wieder in die Hände. Hatten sie ein wenig Alkohol getrunken oder waren es humorüberzuckerte Stunden, als die Ausgräber zwei wunderbar erhaltene Mini-Saurier-Skelette wegen ihrer Stellung zueinander einfach mal »Liebespaar« nannten? Dabei weiß man nicht einmal, ob das Saurier-Jungs oder -Mädchen waren. Ist auch nebensächlich. Viel wichtiger ist, dass die zwei Turtel-Saurier wissenschaftlich »Tambachia trogallas« genannt wurden. Trogallas? Die Lateiner grinsen, weil sie wissen, dass das übersetzt »Bratwurst« bedeutet.

Auf dem Erlebnispfad durchschreitet man in zwei bis drei Stunden Millionen von Jahren, ohne ebenso beträchtlich zu altern. Ganz nebenbei lernt man etwas über die Thüringer Vorfahren der bekannten Großsaurier.

Adresse Der Wanderweg verbindet das Geoinformationszentrum Lohmühle in 99897 Tambach-Dietharz mit dem Schlossplatz, 99887 Georgenthal. | **Anfahrt** A4, Abfahrt Gotha, auf der B247 bis Hohenkirchen, dort rechts abbiegen nach Georgenthal. | **Öffnungszeiten** immer zugänglich | **Tipp** In Georgenthal befindet sich im ehemaligen Zisterzienserkloster (Gründung 1152), Am Finkenberg, das Kornhausmuseum.

31 Wer ist eigentlich Paul?
Das Haus Schulenburg

Dies ist ein Museum für den sogenannten Alleskünstler Henry van de Velde. Der Flame trat Ende des 19. Jahrhunderts an, die Welt neu zu designen, weg vom Historismus, hin zur Moderne. Aber was der souveränste Kopf an neuestem Stil, an umwerfendsten Ideen für Häuser, Kleider, Buchumschläge, Kerzenleuchter und Kaffeelöffel entwarf, wäre nie reales Produkt geworden ohne jemanden, der das auch alles bezahlte. Und da kommt nun der Namensgeber des Hauses ins Spiel: Paul Schulenburg, 1871 in den USA geboren, 1879 nach Deutschland umgezogen, gründete 1897 eine Woll- und Seidenweberei in Gera. Der Mann hatte nicht nur ein gutes Händchen und Köpfchen für Geschäftliches, er war auch ein ungewöhnlich sozial denkender Mensch. Schulenburgs Arbeiter hatten eine Belegschaftsvertretung, es gab eine Betriebskantine mit Essen aus der Werkküche, betriebliche Altersvorsorge, sogar Ferienbungalows an der Ostsee und im Thüringer Wald. Der Mann hat sich den langen Trauerzug zu seiner Bestattung 1937 redlich verdient. Freilich, er verdiente ja gut durch die Arbeit seiner Arbeiter, aber er war eben nicht von der gierigen Kapitalistensorte, sondern einer von den Klugen.

Der kluge Herr Schulenburg liebte Kunst und Künstler. 1906 kaufte er auf der Dresdner Kunstgewerbeausstellung ein Speisezimmer, entworfen von einem Belgier, genauer gesagt dem Flamen van de Velde. Derselbe bekam ein ordentliches Honorar für die Entwürfe, nach denen 1913/14 dieses Haus, nein, besser gesagt dieses Gesamtkunstwerk gebaut wurde, einschließlich Garten mit Gewächshäusern (wo der Herr Schulenburg seine Orchideenzucht betrieb), Seerosenteich und Brunnenkaskade. Das etwas trutzig wirkende Gebäude, das über Jahrzehnte als Schule genutzt wurde und später leer stand und verfiel, wurde auf Privatinitiative in den Originalzustand zurückversetzt. Das Museum widmet sich Henry van de Velde und seinen Schülern.

Adresse Straße des Friedens 120, 07545 Gera | **Anfahrt** A4, Abfahrt Gera-Langenberg, Siemensstraße, Berliner Straße, rechts in die Clara-Zetkin-Straße, dann über De-Smit-Straße, Hainstraße, Heinrichstraße in die Straße des Friedens | **Öffnungszeiten** Mo–Fr 10–17 Uhr, Sa, So und Feiertage 14–17 Uhr (Ausnahmen auf www.haus-schulenburg-gera.de) | **Tipp** Das Rittergut Endschütz (circa 15 Kilometer südlich von Gera) ist eine ziemlich einzigartige Komplettanlage mit klassizistischem Herrenhaus, Wirtschaftsgebäuden, Scheune und Park.

32 Bilder des Ehrenbürgers
Das Otto-Dix-Haus

Der weltberühmte Sohn der Stadt Gera wurde gar nicht in Gera geboren, sondern in Untermhaus, 1891 noch ein Dorf vor der Stadt, nun eingemeindet. Otto war das erste Kind des Eisenformers Franz Dix und seiner Frau Louise. In der Dorfschule Untermhaus erkannte der Zeichenlehrer das Talent des kleinen Otto. Der lernte dann Dekorationsmaler. Ein Stipendium des Fürsten von Reuß öffnete Dix den Weg an die Kunstgewerbeschule in Dresden. 1915 meldete sich Dix freiwillig zum Kriegseinsatz, erst Westfront, dann Ostfront. Er sah das Grauen des Krieges, zeichnete es. 46 Feldpostkarten gehören zum Geraer Bestand. 1937, nach der Nazi-Aktion »Entartete Kunst«, besaß man hier kein einziges Dix-Werk mehr. Wenn auch die ganz großen, bedeutenden Sammlungen anderswo zu finden sind, der Stadt Gera gehören heute knapp 400 Arbeiten – einer der umfangreichsten Bestände in öffentlicher Hand; dazu kommen rund 100 Dauerleihgaben der Dix-Stiftung Vaduz. Arbeiten aus allen Schaffensperioden.

Aus welch einfachen Verhältnissen ein Weltkünstler hervorgegangen ist, hat man hier vor Augen. Wenn man sich etwas mehr Zeit für die Biografie des Künstlers nimmt und über die Stationen nachdenkt, bekommt man vielleicht ein Gefühl dafür, in welchem Spannungsfeld dieser Maler und Grafiker sich zeitlebens befand. Sein Leben, seine Kunst waren dauernden Zerreißproben unterworfen. Die Nazis nahmen ihm seine Kunstprofessur, entfernten seine Bilder. Die seien »gemalte Wehrsabotage«. Die Hitlerzeit überlebte Dix auch dank solcher Auftragsmalereien wie dem »Heiligen Christophorus«, den der Direktor der Köstritzer Schwarzbierbrauerei bezahlte. Jetzt hängt das Bild im Otto-Dix-Haus.

Gera nennt sich Otto-Dix-Stadt. Die nicht gerade reiche Kommune machte mit zeitweiligen Museumsschließungen auf ihre Probleme aufmerksam. Auch wenn es ein Akt der Notwehr war – so etwas kommt nicht überall gut an.

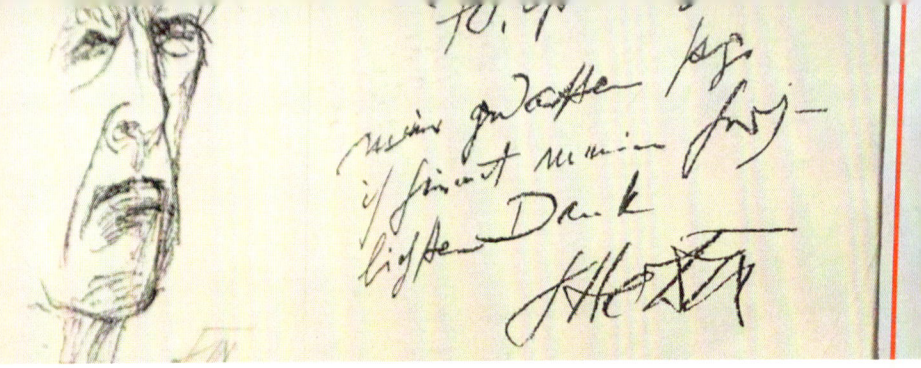

Adresse Mohrenplatz 4, 07548 Gera | **Anfahrt** A4, Abfahrt Gera-Langenberg, auf Siemensstraße Richtung Zentrum, rechts in die Leibnizstraße, dann der Ausschilderung folgen | **Öffnungszeiten** Mi–So, Feiertage 12–17 Uhr | **Tipp** Im Stadt- und Schulmuseum Ronneburg, Schlossstraße 19, kann man sich wie vor 100 Jahren unterrichten lassen.

„Der Geologe R. Hundt" von Prof. Otto Dix

33 Wärmstens zu empfehlen
Das Deutsche Thermometermuseum

Worüber wird am häufigsten gesprochen? Übers Wetter. Was wird am häufigsten gemessen? Die Temperatur. Was uns heute ganz einfach erscheint, hat eine lange Vorgeschichte; das Thermometer verdankt seine Existenz etlichen »Vätern«. Galilei konnte um 1600 mit einem Thermoskop Temperaturänderungen sichtbar machen (im Museum kann man das selbst ausprobieren). Um aber Temperatur exakt messen und vergleichen zu können, mussten klar definierte Fixpunkte festgelegt werden. Also: Eis schmilzt bei 32 Grad, Wasser siedet bei 212 Grad, der gesunde Mensch hat eine Körpertemperatur von 96 Grad – schlug Fahrenheit 1714 vor. Réaumur hielt 1730 dagegen: Wasser gefriert bei 0 Grad und siedet bei 80. Celsius führte 1742 eine 100-teilige Skala ein: Wasser siedet bei 0 Grad, und Eis schmilzt bei 100. Gegen Ende des 19. Jahrhunderts setzte sich Kelvin mit seiner Skala in der Wissenschaft durch und gilt dort noch heute. Und vor rund 100 Jahren löste die Celsius-Skala endgültig die von Réaumur ab, allerdings auf den Kopf gestellt.

Vor allem brauchte man möglichst präzise Thermometer. Doch wie gelangt zum Beispiel das Kapillarröhrchen mit Flüssigkeit in das äußere Glasrohr eines Fieberthermometers? Und wer garantiert, dass die per Hand aufgetragene Skalierung exakt ist? Diese ganz besondere Kunst war für viele Menschen in Geraberg und Umgebung Haupterwerb. Wer Glück hat, kann im Museum einem Thermometerbläser bei der Arbeit zuschauen. Ansonsten zeigt ein Film, wie viele Arbeitsschritte und wie viel handwerkliches Geschick für ein einzelnes Thermometer nötig waren.

Neben den Thermometern sind auch zahlreiche historische Hygrometer und Barometer ausgestellt – Kunstwerke ganz eigener Art. Wer Temperaturphänomene experimentell ergründen will, hat im Obergeschoss Gelegenheit dazu. Und was hat es eigentlich mit der »gefühlten« Temperatur auf sich? Kann man die mit einem der hier ausgestellten Thermometer messen?

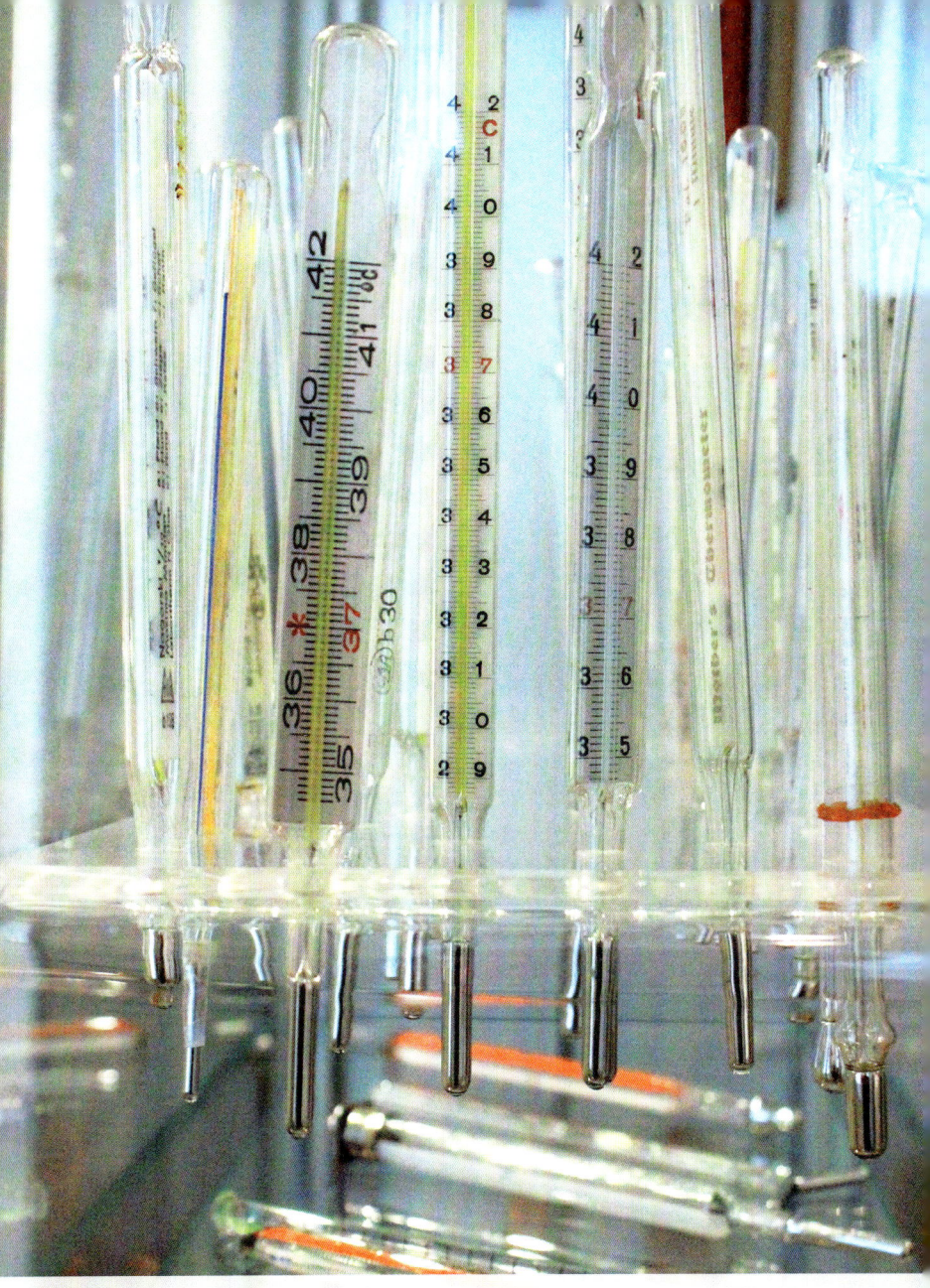

Adresse Plan 9, 98716 Geraberg | **Anfahrt** A71, Abfahrt Gräfenroda, Richtung Geraberg, dort Ohrdrufer Straße, rechts in die Körnbachstraße, parken, zu Fuß zum Museum | **Öffnungszeiten** Di–Sa 10–16 Uhr, feiertags nach Absprache über Tel. 03677/205681 | **Tipp** Am Museum startet der Klimapfad, auf dem man verschiedene Mikroklimas vor Ort erspüren und gleichzeitig etwas über Naturphänomene erfahren kann.

GOLDISTHAL

34 Der Gesang der Frösche
Das Haus der Natur

Die Adresse: Goldberg in Goldisthal. Das Haus war einst Logierhaus für Goldsucher. In der historisch nachempfundenen Gaststube kann man sich zu Tisch setzen, direkt neben einem täuschend lebensechten Köhler. Sogleich erzählt er per Sensor und Technik vom schweren Leben im Wald und von seinem Traum, eines Tages Gold zu finden. Ein Krümelchen Glück.

Mehr als nur ein Krümelchen Glück war die Idee, den eigentlichen Schatz der Region, den Wald, ins Haus zu holen. Natur im Haus, obwohl sie unmittelbar vor der Tür zu erwandern ist? Natürlich kann man die Natur am besten draußen in der Natur erleben, aber hier wird mit dem Zusammenspiel von Technik, lebenden Fischen, Modellen und Tierpräparaten auf unterhaltsame Weise Umweltwissen vermittelt. Die einzelnen Stationen sprechen Kinder und Erwachsene gleichermaßen an und verlocken dazu, sich in Spielen, Tests und Animationen zu erproben. Man kann sich wie eine Köcherfliegenlarve fühlen, im Wasser waten, ohne nasse Füße zu bekommen, mit den Augen eines Raubvogels schauen, den Wald von Dingen säubern, die dort nichts zu suchen haben. Man kann per Knopfdruck hören, wie erstaunlich unterschiedlich es klingt, wenn Frösche, Unken oder Kröten quaken.

In der oberen Etage wähnt man sich unterm Blätterdach eines großen Baumes. Hier sagen sich Luchs und Dachs alle zwölf Minuten Gute Nacht, wenn Tag und Nacht wechseln und die entsprechenden Waldgeräusche eingespielt werden. »Wer hat Angst vorm dunklen Wald?« ist das Motto dieser Ausstellung. Ganz Mutige können in einem lichtlosen Raum auf nächtliche Pirsch gehen und mittels Taschenlampe die Tiere aus ihrem Schlummer wecken. Noch Mutigere klettern in den Hochstand hinauf.

Im Garten gibt es einen Lehrpfad zum Thema Wasser und Wasserkraft. Eine kleine Schleusenanlage, ein Miniatur-Pumpspeicherwerk können bedient werden. Und dann: Ab in den Wald!

Adresse Goldberg 2, 98746 Goldisthal | **Anfahrt** A73, Abfahrt Schleusingen, über Waldau, Schönbrunn und Gießübel nach Goldisthal | **Öffnungszeiten** ganzjährig Mi–So 10–17 Uhr | **Tipp** Das DB-Informationszentrum gleich im Haus gegenüber, Goldberg 1, gibt Auskunft über die Eisenbahn-Neubaustrecke Ebersfeld–Erfurt mit 22 Tunneln und 29 Talbrücken. Technik quer durch die Natur.

35 Ein Gefühl von Sicherheit
Das Deutsche Versicherungsmuseum

Vollständig heißt es: Deutsches Versicherungsmuseum Ernst Wilhelm Arnoldi. Der Eintrittspreis in das Museum ist geradezu lächerlich. Und man muss nicht mal im Ausgleich eine Versicherungspolice unterschreiben. Namensgeber Arnoldi gilt als Vater aller Versicherer, obwohl es vor seiner 1820 in Gotha gegründeten Feuerversicherungsbank »für kaufmännische Waarenlager, Kaufmannshäuser und Mobiliare« schon andere Versicherungsunternehmen gab. Aber Arnoldi dachte – trotz der territorialen Zersplitterung Deutschlands – über den sachsen-coburg-gothaischen Tellerrand hinaus. Zur Feuerversicherung kam die Lebensversicherung dazu, aber bis alles durchgerechnet und amtlich bestätigt und vom herzoglichen Staatsoberhaupt leutselig erlaubt worden war, vergingen Jahre. 1829 war es so weit. Das Geschäft startete in Arnoldis Wohnhaus am Oberen Hauptmarkt. Die Versicherungsbank arbeitete – und wer gewann? Wie immer: die Bank. Schnell war genug Gewinn gemacht, um sich zu vergrößern. 1894 wurde das große Verwaltungsgebäude seiner Bestimmung übergeben. Heute befindet sich darin – neben dem Thüringer Sozial- und Finanzgericht – das Versicherungsmuseum.

Man kann sich die bunte Geschichte des Versicherungswesens beschauen. Früher war es üblich, an den Häusern der Kunden die Schilder ihrer Versicherungen anzuschrauben. Diese farbenfrohen Emaille-Schilder erzählen von den Erfolgen, aber nicht von den Konflikten. Anfangs gab es sogar Tote. Als 1826 im Fürstentum Reuß-Lobenstein-Ebersdorf die Brandversicherung zwangseingeführt wurde, protestierten die Betroffenen. Armeekräfte rückten an und erschossen 17 Protestierende.

Heute geht es hier friedlich zu. Im repräsentativen Treppenhaus darf man sich über die »Lebensstufen«-Reliefs des Bildhauers Adolf Lehnert Gedanken machen. Aber allem Gedankenreichtum zum Trotz: Gegen das Ende gibt es keine Versicherung.

Adresse Bahnhofstraße 3a, 99867 Gotha | **Anfahrt** A4, Abfahrt Gotha, auf B247 über Stielerstraße, Mozartstraße in die Bahnhofstraße | **Öffnungszeiten** Mo 10–16 Uhr, ansonsten für Gruppen Besuchstermine vereinbaren über Tel. 0171 / 3522937 oder dvm-gotha@web.de | **Tipp** Die Gothaer Straßenbahn heißt Thüringer Waldbahn, weil sie wirklich durch den Wald fährt.

36 Ein barockes Universum
Das »Herzogliche Museum«

Generationen von Schülern haben das Haus als Naturkundemuseum besucht. Das beliebte Wandertagsziel ist umgezogen, hoch auf Schloss Friedenstein, und das prächtige Neorenaissance-Gebäude direkt an der Parkallee ist heute wieder das, was es ursprünglich war: das »Herzogliche Museum«. Ernst II. von Sachsen-Coburg-Gotha ließ es zwischen 1864 und 1879 errichten und füllte es mit den angesammelten Schätzen seiner Vorfahren. Die lange Bauzeit erklärt sich, wen wundert's, mit Bauverzug, zwischenzeitlich sogar Baustopp wegen Vervierfachung der geplanten Kosten. Aber dann war die Hülle für die Fülle der Schätze fertig. In den Wirren des Zweiten Weltkrieges ging viel von der Fülle verloren. Und in einer Dezembernacht 1979 wurden fünf wertvolle Gemälde gestohlen, Bilder von van Dyck, Brueghel, Frans Hals, Lievens und Holbein. Der spektakulärste Kunstraub zu DDR-Zeiten, bis heute unaufgeklärt.

Und trotzdem ist das Museum eine gut gefüllte Schatzkammer, hochmodern präsentiert: ägyptische Mumien – Menschen und Katzen –, antike Vasen, die Gemäldesammlung mit Bildern von Cranach, Rubens, Caspar David Friedrich und dem »Gothaer Liebespaar«, Exponate von David Röntgen, der von Versailles bis St. Petersburg die Adelspaläste möblierte, chinesisches und Meissner Porzellan, japanische Lackkunst und die Skulpturen des Bildhauers Jean-Antoine Houdon, ganz vorn natürlich der »Muskelmann« von 1765 – mehr anatomische Ansichtssache als Schwarzenegger'scher Bodybuilding-Typ.

Zum musealen Gesamtangebot gehören noch die vielfältigen Sammlungen auf Schloss Friedenstein, die Kunstkammer Ernsts I., der ein fleißiger Söhnemacher und ebenso eifriger Sammler von Kunst und Bildungsgut war und der als eines der ersten Staatsoberhäupter die allgemeine Schulpflicht einführte.

Auf keinen Fall versäumen: das Ekhof-Theater aus dem 17. Jahrhundert mit noch funktionierender Bühnenmaschinerie aus Holz.

Adresse Parkallee, 99867 Gotha | **Anfahrt** A4, Abfahrt Gotha, auf der B247 nach Gotha-Zentrum, der Ausschilderung folgen | **Öffnungszeiten** täglich außer 24. und 31. Dez., April–Okt. 10–17 Uhr; Nov.–März 10–16 Uhr | **Tipp** Wenige Minuten entfernt liegen die drei Gleichen-Burgen und nebenan in Wandersleben die Gedenkstätte für Menantes, den barocken Erotiker. Besuch spätestens zwei Tage vorher anmelden über Tel. 036202/90595. Wer Zeit hat, macht vorher in Siebleben an der Gustav-Freytag-Gedenkstätte halt.

37_Gemütliches Streitobjekt
Das Gartenzwergmuseum

Von wegen, der Gartenzwerg ist langweiliger deutscher Kitsch. Dreimal falsch. Erfinder und Erstaussteller dürften Engländer gewesen sein. Dort begann der bis heute anhaltende Kampf Zwergenliebhaber gegen Zwergenverächter. Die bedeutendste Gartenausstellung Englands, die »Chelsea Flower Show« (Eintrittspreis 55 Pfund, die Queen darf umsonst rein), auf der sonst jegliche grell bemalten Statuen verboten sind, erklärte das Jahr 2013 zum »Jahr des Gartenzwergs«. Kleine Männer sind in. In Gräfenroda wird sozusagen der deutsche Teil der Geschichte erzählt. Denn seit 1874 werden dort, mittlerweile in vierter Generation, nach traditionellen Formen Zwerge aus Ton gebrannt und von Hand bemalt. Der Chef der Firma ist gleichzeitig Museumsboss und ein TV- und Zeitungsstar. Thüringen und Gnome gehören für klischeebeladene Journalistenhirne irgendwie zusammen.

In sieben Räumen stehen mehr als sieben Zwerge, deren Vorbild ja eigentlich Bergleute waren. Mit Lampe, Spitzhacke, Spaten und Schubkarre – typische Zwergenutensilien. Und diese komischen Knickzipfel-Kopfbedeckungen!? Das sind phrygische Mützen, die in der Antike aus einem Stier-Hodensack gefertigt wurden, auf dass die Tierkraft auf den Träger der Mütze übergehe. Später trugen die Jakobiner solche Mützen in Rot. Der deutsche Michel hatte immer nur die weiße Schlafmütze auf.

Der kleine Mann mit der Rotmütze war von Anfang an ein friedlicher Bursche, der Humor und Warmherzigkeit in die Welt hinaustragen sollte. Traditionelle Zwerge sind freundliche Lächler. In diktatorischen Zeiten waren sie nicht gern gesehen. Trotzdem sollen allein in deutschen Gärten über 25 Millionen Zwerge stehen. Zählt man die zum Beispiel nach Frankreich, England, Holland, in die USA und die Schweiz exportierten Kerlchen dazu, ergibt das schon eine gewaltige Thüringer Terrakotta-Armee. Mit roten Mützen – bereit zur nächsten friedlichen Revolution.

Adresse Ohrdrufer Straße 1, 99330 Gräfenroda | **Anfahrt** A71, Abfahrt Gräfenroda, auf der B88 bis Gräfenroda | **Öffnungszeiten** März–Okt. Di–Fr 10–17 Uhr, Sa 10–14 Uhr | **Tipp** Über 2.000 Gartenzwerge stehen im Zwergen-Park Trusetal, einem von Ostern bis Oktober geöffneten Familienausflugsziel. Der Wasserfall in Trusetal ist künstlich und doch ein Naturdenkmal.

GREIZ

38 Lachen und lachen lassen
Die Staatliche Bücher- und Kupferstichsammlung

Zu Zeiten des getrennten Deutschlands war das hier das Mekka der Karikaturisten und ihrer dankbaren, ständig lachbereiten Fans. Die größte DDR der Welt bot ausreichend Stoff, den man humoristisch und satirisch auf die Zeichenfeder spießen konnte. Nähert man sich dem Sommerpalais neudeutsch, also »fußläufig«, durch den Park, fühlt man mit Fürst Heinrich XI. Reuß älterer Linie, der sich hier einen Rückzugsort bauen ließ. Ist ein bisschen größer ausgefallen, als man heutzutage Rückzugsorte baut, aber dadurch ist auch mehr Platz für die Ausstellungen. Seit 1975 sammelt man hier, was an Karikaturen im Land entstand. Um 1990 vergrößerte sich das Sammelgebiet beträchtlich. Mittlerweile ist der Bestand so umfassend, dass man ganze Ausstellungen nach auswärts verborgen kann.

Oben genannter Heinrich sammelte planvoll Bücher, die heute die Palais-Bibliothek füllen. Zweiter Sammlungsschwerpunkt sind die Kupferstiche, die zum Großteil aus dem Nachlass der englischen Prinzessin Elizabeth, der dritten Tochter König Georgs III., stammen. Nach deren Tod 1840 gelangte dieses große Erbe von mehreren hundert Blättern und Alben nach Greiz. Das ist alles museal gut aufgearbeitet und wird achtsam gepflegt. Aber wenn wir ehrlich sind, dann wartet das Besuchervolk immer nur auf die nächste Karikaturenausstellung.

Vor der Wende fanden alle zwei Jahre große Karikaturen-Schauen und zwischendurch kleinere statt, aber immer erst, nachdem vertrauenswürdige Genossen dies und das aussortiert hatten. Seit der Wende wird alle drei Jahre groß gelacht; dazwischen auch, besonders wenn mal wieder ein CDU-Landtagsabgeordneter »Skandal!« schreit, weil der Papst die Mutter Erde zwischen ihre Brüste küsst oder sich das Jesuskind für die wunderbaren Milchbeutel seiner Mutti bei dem ganz oben bedankt. Multiplizieren ein paar Medien solches Geschrei, dann lockt das automatisch mehr Besucherinnen und Besucher an.

Adresse Sommerpalais, Greizer Park 1, 07973 Greiz | **Anfahrt** A9, Abfahrt Lederhose (kein Scherz!), auf der B175 nach Weida, dort auf die B92 nach Greiz, gegenüber dem Sommerpalais rechts parken, dann zu Fuß über die Brücke, links in den Park | **Öffnungszeiten** April–Sept. Di–So 10–17 Uhr; Okt.–März Di–So 10–16 Uhr | **Tipp** Neben dem Museum Oberes Schloss gibt es das Untere, wo eine Schauwerkstatt zur Greizer Textilhistorie eingerichtet wurde.

39 _ Ein seltsames Schwein
Das Heimatmuseum Greußen

Der Ortsname Greußen stammt vom althochdeutschen Grus ab und bedeutet Sand. Gruzen ist ein Ort auf Sand. Die Greußener haben also auf Sand gebaut? In frühgeschichtlicher Zeit erstreckte sich hier ein See, an dessen Ufer die hiesige frühgeschichtliche Bevölkerung gern siedelte. Die Uferbewohner waren Germanen. Ein paar Kelten waren dabei. Im Laufe der Vorzeit schauten in Thüringen von Friesen bis Slawen viele Stämme vorbei, um zu gucken, ob man Platz zum Wohnen findet. Genetisch sind die Thüringer europäische Mischwesen. Reines deutsch-germanisches Blut? Fehlanzeige.

1858 fanden Archäologen bei Greußen einen Schacht, darin sechs germanische Kultgefäße aus der Zeit um das Jahr 200. Eines sieht aus wie ein Eber. Man vermutet, dass unsere Vorfahren neidisch auf die schweinischen Kinderscharen schauten und deshalb das Ebergefäß Teil eines Fruchtbarkeitsritus war. Vor dem Rathaus, das auch das Heimatmuseum beherbergt, steht so ein Schwein in Übergröße. In Originalgröße, wenn auch nicht im Original, kann man es im Heimatmuseum sehen. Die echten Kultgefäße stehen, leider der Öffentlichkeit entzogen, in der Jenaer Universität.

Wer in den Museumskeller steigt, geht hinab in urgeschichtliche Zeiten, blickt auf Mammutzahn und Greußener Schweinchen. Eine Etage höher ist Platz für die alte Apotheke (der Stadtapotheker begründete das Museum), für einen »Sachsenspiegel«, gedruckt im Jahre MDLXI, für Greußenpfennige. Die Stadt hatte ein Geldherstellungsprivileg, aber nur für sogenannte Hohlpfennige oder Brakteaten. Außerdem sind einige Bestrafungsinstrumente wie Badekorb und Trillerhäuschen zu sehen. Für Autofahrer interessant: eine Chaussee-Tarif-Tabelle für »Kutschen, Kaleschen, Kabriolets etc.« von 1859. Maut ist nun wirklich keine Erfindung der Gegenwart.

PS: Auf den Spuren des Dichters Novalis findet man in Greußen-Grüningen das Grabmedaillon seiner Verlobten Sophie von Kühn.

Adresse Markt 1, 99718 Greußen | Anfahrt A71, Abfahrt Erfurt-Gispersleben auf die B4 Richtung Magdeburg / Nordhausen, weiter über Gebesee und Straußfurt nach Greußen | Öffnungszeiten Mo, Mi, Fr, aber nur nach Voranmeldung, Tel. 03636 / 703367 oder stadt@greussen.de | Tipp Die Funkenburg bei Greußen ist eine nachgebaute germanische Wehrsiedlung aus vorchristlicher Zeit. Ein Open-Air-Museum.

GROSSBREITENBACH

40 Frisch gepresst
Das 1. Deutsche Kloßpressenmuseum

Man kann es nur immer wiederholen: Ein Sonntag ohne Klöße verlöre viel von seiner Größe. Herbert Roth, Komponist des Rennsteig-Liedes, der heimlichen Thüringer Nationalhymne, sagt es auf dem Bildschirm im Museum mindestens drei oder vier Mal. Gezeigt wird der Mitschnitt einer Folge des DDR-TV-Dauerbrenners »Außenseiter – Spitzenreiter«, in dem man stets zum Neugierigbleiben aufgefordert wurde. Herbert Roth macht neugierig auf den Thüringer Kloß. Aber das wichtigste Küchengerät zur Herstellung dieses gastronomischen Großereignisses, eben die Kloßpresse, fehlt irgendwie im Film. Sind wir im falschen? Egal, das Museum bietet den Blick auf rund 40 Kloßpressen von der einfachen hölzernen über die schon etwas fortschrittlichere metallene bis zur strombetriebenen, die ganz und gar einer Wäscheschleuder ähnelt. Ist ja auch eine. Ein paar Designerstücke gibt es auch. Am besten funktionieren angeblich die alten Holzpressen.

Die Herstellungsschritte erfährt man hier, das Geheimnis der lockeren Kugeln auf Kartoffelbasis hat jedoch jede Thüringer Familie im Safe. Oder in Omas Kopf – rechtzeitige Weitergabe der Tricks auf dem Totenbett inbegriffen.

Ein Museum nur für Kloßpressen? Nein, die sind der Köder, der den Besucher in ein wunderschönes altes Handelshaus lockt. Die Wände und das Fachwerk sind bemalt. Ein Haus mit Vogelfängerzimmer, Räumen für Großbreitenbacher Porzellan, für Exponate zur Waldnutzung, Breitenbacher Truhen, Deckert-Musikinstrumente und Buckelapotheker-Olitäten. Und mit einem Andrea-Henkel-Zimmer. Die kleine große Biathletin ist von hier. Immer noch nicht alles: Gleich neben der Kasse liegt ein Raum für wechselnde Ausstellungen, hinten im Hof gibt es eine Scheune für Veranstaltungen von kleinen Konzerten bis Kabarett. Ein Kräutergarten. Und wer wusste vor dem Besuch hier, dass einst im Thüringer Wald größere Vögel und Niederwild mit Blasrohr bejagt wurden?

Adresse Myliusstraße 6, 98701 Großbreitenbach | **Anfahrt** A71, Abfahrt Ilmenau-Ost, B88 bis Gehren, dort Richtung Möhrenbach, Großbreitenbach | **Öffnungszeiten** Di–Fr 10–16 Uhr, Sa und So 13–16 Uhr, Gruppenbesuche nach Voranmeldung, Tel. 036781/41815 (auch außerhalb dieser Zeiten) | **Tipp** Das Modellbau- und Technikmuseum Großbreitenbach, Bahnhofstraße 16a, widmet sich vor allem dem Flugmodellbau und Flugmodellsport.

41 Glanzstein und Bomber
Das Hornhardtsche Rittergut

Ohne den Förderverein und viele fleißige Mithelfer wäre das nichts geworden. Aber nun ist es ein Schmuckstück und wird noch schmucker werden: das Hornhardtsche Rittergut, Platz für verschiedene Aktivitäten, aber vor allem endlich ein Ort für das Heimatmuseum. Das gesamte Areal ist eine Art dörfliche Museumsinsel. Hier kann man auch feiern oder zu besonderen Anlässen mal auf Urgroßmutters Weise Brot backen. Feiern sollte man in Maßen, da sonst die im Museum vorliegende vergilbte Liste »Verzeichnis derjenigen Personen, die als Trunkenbolde erklärt sind« aktuell ergänzt werden könnte.

Sprüche haben unsere Vorfahren, vor allem die weiblichen Geschlechts, geliebt. Meist fein säuberlich auf Stoff gestickt. »Alle lieben Engelein / mögen deine Wächter sein« – das würde auch als riesengroßes Transparent draußen ans Haus passen. Man weiß ja nie, ob man nicht doch ein wenig überirdische Hilfe braucht. Und wie schön doppeldeutig ist dieser Spruch: »Ist der Tag vorüber, / häng die Decken drüber.« Schwamm drüber oder wärmend verdeckter Beischlaf? Betten sind da, die gehörten zum Hausrat wie alles andere, was hier ausgestellt ist. Doch nicht nur die dörflichen Gebrauchsgegenstände findet man, wie zum Beispiel einen Glanzstein, mit dem man Stoff zum Glänzen bringen konnte. »Sorgfältig aufbewahrt / ist deutscher Hausfrau'n Art.«

In die dörfliche Idylle ist die Weltgeschichte oft gewalttätig eingebrochen. Sei es im Juni 1866, als nahebei im Deutschen Krieg die Truppen Hannovers die Preußen besiegten, dies aber nur ein Pyrrhussieg war, weil Bismarcks eiserne Kanzlerhand sich dann doch auf das Königreich Hannover legte. Einige Zeugnisse der Schlacht liegen im Museum. Und im Museumshof lagern die verbogenen Reste eines viermotorigen Rosinenbombers made in USA, der am 4. März 1949 auf einem Feld zwischen Großengottern und Heroldishausen abstürzte.

Adresse Schlossstraße 12, 99991 Großengottern | **Anfahrt** A4, Abfahrt Eisenach-Ost, auf B84 Richtung Bad Langensalza, Ortsumfahrung (B247) Richtung Großengottern | **Öffnungszeiten** So und Feiertage ab 15 Uhr, sonst nach Absprache, Tel. 036022/94214 beziehungsweise -9420 oder über fvhg@foerderverein-hornhardtsches-rittergut.de | **Tipp** Faktisch um die Ecke stehen im »Trabiparadies Weberstedt« Rennpappen verschiedener Art, umgebaut zu vielen überraschenden Zweitakt-Fuhrwerken.

42 — Ein poetischer Realist
Das Literaturmuseum »Theodor Storm«

Theodor Storm in Bronze steht auf den Stufen, als wolle er die Besucher begrüßen und in eines der ältesten Heiligenstädter Häuser hereinbitten, in dem er zwar nie wohnte, das nun aber seinen Namen trägt und ein Museum für ihn beherbergt. Schon wieder ein norddeutscher Literat in Thüringen. Aber im Gegensatz zu Reuter (siehe Seite 48), der Ruhe für seine letzten Lebensjahre suchte, war Theodor Storm als preußischer Kreisrichter nach Thüringen gelangt und konnte nach Jahren beruflicher und politischer Schwierigkeiten endlich wieder Fuß fassen. Zwei seiner sieben Kinder wurden hier geboren.

Im Museum steht ein gedeckter Teetisch. Täglich versammelte sich Familie Storm um den summenden Husumer Teekessel. Man würde sich nicht wundern, wenn ein norddeutsch schnackender Werbeschauspieler um die Ecke gucken und fragen würde: »Un was is mit Tee?« Tee war Lebenselixier und die Teestunde im Hause Storm fast heilig.

Wer Novellen liest, weiß vom »Schimmelreiter«. Märchenliebhaber denken bei Storm an »Die Regentrude«, Fans von Gespenstergeschichten an »Bulemanns Haus«. Wer Naturlyrik liebt, landet fast automatisch immer wieder bei Storm-Gedichten. Es ist dieser zarte Ton, der selbst die karge Landschaft, die grauen, windzerzausten Dörfer und kleinen Städte an der Nordsee schön erscheinen lässt. Heimat und Heimatgefühl spielen eine große Rolle. Und das Folgende kennen ja wohl alle: »Von drauß' vom Walde komm ich her / Ich muss euch sagen, es weihnachtet sehr! / Allüberall auf den Tannenspitzen / Sah ich goldene Lichtlein sitzen.« Knecht Ruprecht stapft durch den Winterwald. Wer schrieb das? Storm.

Ein Zimmer im Haus ist Heinrich Heine vorbehalten, der sich in Heiligenstadt heimlich taufen ließ. Heine nannte das sein EntreeBillett zur europäischen Kultur. Aber vor allem war es Notwehr in judenverachtender Zeit.

Adresse Am Berge, 37308 Heilbad Heiligenstadt | **Anfahrt** A38, Abfahrt Heiligenstadt, stadteinwärts auf Göttinger Straße bis Kasseler Tor, Parkplatz suchen, zum Museum (Fußgängerzone) laufen | **Öffnungszeiten** Di–Fr 10–17 Uhr, Sa und So 14.30–16.30 Uhr | **Tipp** Das Eichsfelder Heimatmuseum in der Kollegiengasse gibt Einblick in die Geschichte des stark katholisch geprägten Landstriches.

43 _ Stolz und kühn
Das Deutsche Burgenmuseum

Schon von Weitem sichtbar ragt die Heldburg hoch oben auf einem Berg aus den Bäumen heraus. Wer den Schlosshof betritt, wird sich an ein Märchenschloss erinnert fühlen. Das hat seine Gründe in der bewegten Geschichte der Burg.

Im Mittelalter errichtet, wurde sie später umgebaut, ergänzt, erweitert, in der Renaissance der sogenannte Französische Bau hinzugefügt. Die Besitzer wechselten, nach mehreren Plünderungen und Eroberungen im Dreißigjährigen Krieg begann der Verfall. Ab 1874 ließ der Meininger Theaterherzog Georg II. die Burg zum privaten Refugium umbauen, für sich und seine – nicht standesgemäße – dritte Frau, die Schauspielerin und Pianistin Ellen Franz, spätere Helene Freifrau von Heldburg. Burgenromantik war angesagt, nach dem Vorbild von Neuschwanstein wurde die Silhouette der Anlage noch einmal gründlich verändert. Auch im Inneren wurde umgestaltet, die neogotische Freifrau-Kemenate diente anregenden Gesprächen mit Gästen wie Johannes Brahms, Max Reger und Ernst Haeckel.

Nach einem Brand 1982 verfiel die Anlage. Doch nach mehrjähriger Planung und einem weiteren Umbau wurde hier im September 2016 das Deutsche Burgenmuseum eröffnet. Sein Anliegen ist es, zu zeigen, welche Geschichte und Bedeutung Burgen in Mitteleuropa hatten, wie sie gebaut und später umgebaut wurden. Das Museum will aufräumen mit romantisch verklärten Vorstellungen vom glanzvollen Ritterleben. Stattdessen wird der wirkliche Alltag auf Burgen gezeigt, der nicht viel angenehmer war als auf einem großen Bauernhof. Und es gibt Widerspruch gegen die Mär vom siedenden Öl oder heißen Pech, das auf Angreifer gekippt wurde. Beides war auf Burgen rar und viel zu kostbar.

Detailgenaue Modelle unterschiedlicher Burgtypen, Waffen und Rüstungen, Möbel, Geschirr, Werkzeuge, Gebrauchsgegenstände und Spielzeug erzählen vom Leben auf Burgen in friedlichen und in kriegerischen Zeiten.

Adresse Veste Heldburg, Burgstraße 1, 98663 Heldburg (Bad Colberg-Heldburg) |
Anfahrt A73, Abfahrt Eisfeld-Süd, über Bad Rodach nach Colberg-Heldburg |
Öffnungszeiten April–Okt. Di–So 10–17 Uhr, Nov., Dez., März Di–So 10–16 Uhr, Jan., Feb. Sa, So 10–16 Uhr | **Tipp** Schloss Bedheim, Gutsanlage aus dem Barock mit Gartencafé und Museum, Konzerten, Lesungen, Ausstellungen. Hier lebte Hugo Rühle von Lilienstern, nach dem ein von ihm gefundener Saurier benannt wurde: Liliensternus liliensterni.

44 — Macht Milch munter?
Trützschlers Milch- und Reklamemuseum

Weltbewegende Produkte kamen aus dem südthüringischen Städtchen Hildburghausen: Meyers Conversations-Lexikon und der erste Brühwürfel. Den Lexikon-Ruhm erbte Leipzig, die gepresste Tütensuppe des Rudolf Scheller wurde wegkonkurriert und geriet in Vergessenheit.

Kaum zu vergessen ist das Milch- und Reklamemuseum. Was für eine museale Paarung. Kurios? Oft sind die Erklärungen ganz einfach. Es ist ein Privatmuseum, und die Museumsgründer haben ihr Berufsleben mit Milch und Milchprodukten verbracht. Außerdem haben sie Reklameschilder aus Emaille gesammelt, was man seit der Schlechtschreibreform auch »Email« schreiben darf. E-Mail? Die Wände im Erdgeschoss hängen voll mit diesen wunderschönen, farbintensiven, glänzenden Werbeschildern. Da kann man sehen, welch lange Biografie Markenprodukte haben. Und eine Theke wie in einem alten Kramladen haben sie hier, voll mit Schachteln und Schächtelchen – Zeugnisse früherer Verkaufskultur.

Das Milchmuseum ist alphabetisch geordnet. Besucher steigen die Treppe in den ersten Stock hinauf und werden von A bis Z über Herkunft und Verarbeitung dieser weißen, trinkbaren Flüssigkeit aufgeklärt. Milch ist langweilig? Von wegen. Hier kann man einiges erfahren! Dass die erste maschinell gebutterte Butter in einem »Miele«-Gerät gefertigt wurde, das einer Waschmaschine derselben Firma nicht unähnlich war. Dass »Rama« mal »Rahma« hieß, damit der Name nach Rahm und nicht nach Pflanzenöl klang. Dass es Milchwächter gab, Handkäse wirklich mit der Hand geformt wurde und Thüringer Kuhglocken eckig waren. Hier darf man zwar keine Kuh fliegen lassen, aber aufklappen darf man eine.

Museumsbesucher parken ihr Auto gegenüber an der Straße mit dem wohl längsten Namen in Deutschland: Doktor-Moritz-Mitzenheim-Straße. Der wurde in Hildburghausen geboren und war ein nicht unumstrittener evangelisch-lutherischer Landesbischof.

Adresse Knappengasse 26, 98646 Hildburghausen | **Anfahrt** A73, Abfahrt Schleusingen, vorbei am Bergsee Ratscher nach Hildburghausen, Parkplatz Dr.-Moritz-Mitzenheim-Straße, zu Fuß wenige Meter zum Museum | **Öffnungszeiten** Sa 13–17 Uhr, außerhalb der Öffnungszeit Anmeldung zu Gruppenführungen über Tel. 03685/705409 | **Tipp** In der »Alten Post« Hildburghausen, Apothekergasse 11, wartet das Stadtmuseum unter anderem mit 52 Bänden von Meyers Lexikon auf und mit dem Rätsel um die »Dunkelgräfin«.

HOCHSTEDT

45 Blau machen
Das Heimat- und Waidmuseum

»Waid – der Pferde Leid, der Knechte Arbeit und der Mägde Schalkheit.« Gemeint ist die Färberpflanze Waid, die im Mittelalter Thüringen zum Aufblühen brachte. In vielen Dörfern wurde Waid angebaut, drei- bis viermal im Jahr wurden die Blätter mit scharfen Stoßeisen geerntet und unter schweren Mühlsteinen, von Pferden im Kreis gezogen, zu Brei zerquetscht. War die Masse leicht angegoren, formten Frauen und Kinder faustgroße Kugeln daraus. Den Bauern war es untersagt, selbst den kostbaren blauen Farbstoff zu gewinnen, das war das Privileg der Waidjunker in der Stadt.

In Erfurt auf dem Waidanger wurden nach strengen Vorschriften die »Klöße« gehandelt, die weitere Verarbeitung erfolgte auf hohen Dachböden. Über Monate hinweg wurde der Blättermatsch immer wieder mit Wasser und Urin (am besten nach Bier- oder Weingenuss) angefeuchtet, zum Gären gebracht und von Knechten gewendet, bis ein Pulver gewonnen war, das nach Italien, Flandern, Frankreich exportiert wurde – eine Goldgrube für einige Patrizierfamilien.

Eins der Waiddörfer war Hochstedt. 2003 wurde hier ein ehemaliger Kohlenschuppen zu einem Schmuckstück umgebaut und als Heimatmuseum eröffnet, um die Feuerspritze von 1884 zu beherbergen. Bald kamen Hausrat, Alltagsgegenstände, Möbel vergangener Zeiten hinzu (unter anderem eine erstaunliche Bügeleisen-Sammlung!). Schließlich legten die umtriebigen Betreiber des Museums ein Waidbeet an und besannen sich auf all das, was diese Pflanze einst für Hochstedt bedeutete.

Neueste Bewohnerin des Museums: die Hochstedter Steinzeitfrau. Bei Grabungen 2012 stieß man auf ein Skelett, mit Hundezähnen und Muschelscheiben als Grabbeigaben. Dieses Grab wurde nachgebildet, mit viel Geschick und allerlei Tricks. Eigentlich war die Dame mit dem Kopf nach Osten bestattet (Männerköpfe waren gen Westen gerichtet), hier »schaut« sie nach Nordwesten. So hat sie Waschzuber und Küchengerät hinter sich.

Adresse Am Bürgerhaus 1, 99098 Hochstedt (Erfurt) | **Anfahrt** A4, Abfahrt Erfurt-Vieselbach, Richtung Erfurt fahren, rechts nach Linderbach, Hochstedt | **Öffnungszeiten** zur Hochstedter Museumsnacht, zum Waidfest und auf Anfrage per E-Post an info@hochstedt.de | **Tipp** Das nahe Weimar quillt über vor Museen. Das Museum für Ur- und Frühgeschichte in der Humboldtstraße 11 ist ein echter Geheimtipp.

HOHENFELDEN

46 Schönes Alter
Das Thüringer Freilichtmuseum Hohenfelden

»Na, altes Haus, wie geht's?« – »Gut«, könnte das Haus mit seinen Holzbalken zur Antwort knarren, »ich habe ein zweites Leben geschenkt bekommen. Ich bin jetzt Museum.«

Zu diesem Museum gehören Gebäude im denkmalgeschützten Ortskern, der Pfarrhof mit Pfarrhaus, Stall, Scheune, Taubenturm, Bienenhaus, in direkter Nachbarschaft die Einklassenschule. Einiges davon stand schon immer hier, anderes wurde umgesetzt. Das war die Keimzelle für ein Museumsareal am Ortsrand. Mit Häusern, die andernorts dem Verfall preisgegeben waren: Bauernhäuser, komplette Gehöfte, Stallungen, Scheunen, Töpferei, Schmiede, Kegelbahn. Dazwischen wachsen Blumen und Gemüse, im Karnickelstall mümmeln die dunkelfelligen Prachtexemplare still vor sich hin.

Kaum zu glauben, dass einige Häuser in Einzelteile zerlegt waren, ehe sie hier wieder zusammengefügt wurden. Noch weniger zu glauben, dass manche als Ganzes »transloziert« (umgesetzt, verpflanzt, verschoben) wurden. Sie stehen beieinander, als hätten sie schon immer hier gestanden. Man kann in den Keller hinabsteigen oder bis zum Dachboden hinauf, mit sicherem Halt an abgegriffenen Holzgeländern. Wer alt genug ist, wird beim Betreten der Häuser überschwemmt von Erinnerungen an Zeiten, in denen man sich winters in dicke Federbetten hüllte, weil die Kälte durch die kalkweißen Fachwerkwände kroch und an den winzigen Fenstern Eisblumen wuchsen. In der Stube steht ein wulstiges Polstersofa, man möchte sich daraufplumpsen lassen, bis zu den Ohren im dunkelroten Samt versinken und darauf warten, dass die Großmutter Blümchenkaffee serviert.

Neben grasenden Schafen steht eine Bockwindmühle aus Großmehlra. Klettert man hinauf in den Mühlenraum, überrascht ein verlockend süßer Duft. Als würde die Vorahnung auf guten Thüringer Bauernkuchen in der Luft liegen. Und wer nun Appetit bekommen hat, kann sich im Limonaden-Pavillon liebevoll bedienen lassen.

Adresse Im Dorfe 63, 99448 Hohenfelden | **Anfahrt** A4, Abfahrt Erfurt-Ost, über Klettbach und Nauendorf rechts nach Hohenfelden | **Öffnungszeiten** April–Okt. täglich 10–18 Uhr; Nov., Dez. Mi–So 11–17 Uhr; Jan./Feb. geschlossen | **Tipp** In Thüringen gibt es zwei weitere Freilichtmuseen ähnlicher Art: das »Hennebergische Museum«, Kloster Veßra, und »Thüringer Bauernhäuser« in Rudolstadt.

47 Bürgersinn und Bauernwut
Das Museum Reichenfels

Ohne adlige Prunk- und Sammelsucht – bezahlt mit Geld, das man dem Volk abgepresst hatte – gäbe es heute viele Museen nicht. Aber irgendwann waren auch bürgerliche Mitbürger pekuniär auf dem Niveau, um Sammlungen anzulegen. Und wenn man einzeln nicht in der Lage war, gründete man einen Verein. Einer der ältesten dieser Art ist der 1825 gegründete »Vogtländische Altertumsforschende Verein zu Hohenleuben«, der sozusagen die Grundsubstanz des heutigen Museums zusammengetragen hat. Namhafte Mitglieder des Vereins waren Ludwig Bechstein, Konrad Duden, Rudolf Virchow und der vogtländische Sagensammler Robert Eisel.

Dieses Bürgermuseum präsentiert de facto seine eigene Geschichte, denn am Ausstellungsprinzip hat sich seit Anbeginn nichts geändert, wohl aber an der Präsentation. Gesammelt hat der Verein Vielfältiges, Früh- und Ortsgeschichtliches, Natur- und Erdkundliches, archäologisch Ausgebuddeltes oder von Dachböden Hervorgekramtes. Und doch ist es ein recht modernes, keineswegs altbackenes Museum. Es hat Charme. Das Haus selbst hat nur eine kurze Geschichte: Sieht alt aus, als wäre es ein Teil der Burg Reichenfels. Es ist aber ein 30er-Jahre-Bau im historisierenden Stil. Schon Jahre vorher wollte man bauen, die Inflation fraß jedoch die Vereinskasse leer. Als das Gebäude stand, begann der Zweite Weltkrieg. Das Haus wurde beschlagnahmt, Siemens-Werker werkelten hier für den Endsieg. Aller Nachkriegsnot zum Trotz setzte der Verein die Fertigstellung des Museums durch. Und so wurde am 2. Februar 1950 in Hohenleuben das erste deutsche Nachkriegsmuseum eröffnet. Ein Blick durch die hohe Glasscheibe in die Bibliothek beweist, wie lange vorher schon für diese Eröffnung gesammelt wurde.

Eine Abteilung ist dem Bauerngeneral Georg Kresse gewidmet, der im Dreißigjährigen Krieg Familie, Hof und seinen Frieden verlor und deshalb mit einer kleinen Kampftruppe von Leidensgefährten in den Krieg zog.

Adresse Reichenfels 1a, 07958 Hohenleuben | **Anfahrt** A9, Abfahrt Lederhose, auf der B175 bis Weida, hinter Weida auf die B92, in Hohenölsen rechts abbiegen nach Hohenleuben, dort zur Burgruine | **Öffnungszeiten** Di–Do 10–16 Uhr, Sa, So und Feiertage 13–17 Uhr | **Tipp** Die Justizvollzugsanstalt mitten in Hohenleuben (Gefängnis seit 1897) ist ein bedrückender Ort, den man erst besuchen möchte, wenn er ein Museum ist.

HOLUNGEN

48 Bischofferöder Salz
Das Kali-Bergbau-Museum

Von Weitem sieht die Abraumhalde aus wie der Ayers Rock in Australien. Am Fuße des Hügels steht das Museum, und gleich links hinter der Eingangstür hängt ein Gemälde: Thomas Müntzer und die Bauern im Krieg. Das heutige Museumsgebäude war mal das Betriebsambulatorium des »Thomas-Müntzer-Werkes«, der Kaligrube Bischofferode – die hart arbeitenden Bergleute wurden nicht nur mit Deputatschnaps und Schokolade gehätschelt und gepflegt. 1909 hatte man begonnen, den ersten Schacht abzuteufen. Von diesen computerlosen Jahren zeugen im Museum sauber und exakt per Hand geschriebene Lohnbücher und die Lohntasche, in der der Hauptkassierer die Lohngelder schleppte. Zur Monatsmitte wurden Abschläge und zum Monatsende der Restlohn in die Lohntüten verteilt. Viele Fotos und Dokumente bebildern diese Zeit, in der die Grube unter Tage so groß geworden war, dass die Steiger auf Mopeds mit den geflügelten Namen »Star« und »Spatz« (siehe Seite 198) zu den Brigaden vor Ort fuhren. Gingen die Mopeds kaputt, gab es der Einfachheit halber gleich eine Werkstatt unten im Salz.

Kalisalz war ein gefragtes Exportgut, das Devisen einbrachte. In fast alle europäischen Länder, nach Mexiko, Brasilien, Kuba, Indien, Thailand, Südkorea und in die Mongolei ging das weiße Gold. Im Berg stecken heute immer noch Salzvorräte für mindestens 50 Jahre – bei drei Millionen Tonnen Fördermenge pro Jahr! Trotzdem konnte nichts das Ende des Abbaus verhindern, weder Betriebsbesetzungen, Demonstrationen, Hungerstreik noch der Besuch beim Papst. Selbst die heilige Barbara, Schutzpatronin der Bergleute, war gegen Treuhand und sich treuherzig gebende Politiker machtlos. Der große westdeutsche Konkurrent »K+S« kaufte und schloss die Grube.

»Es grüne die Tanne. / Es wachse das Salz. / Gott halte uns Allen / Das Wasser vom Hals« steht am Gang zur Unter-Tage-Abteilung des Museums. Die reale Bischofferöder Grube wurde verfüllt und geflutet.

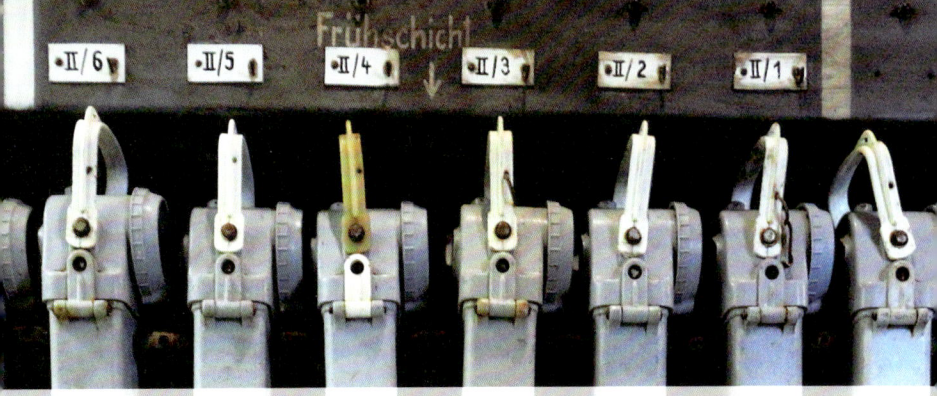

Adresse Bischofferöder Straße 9, 37345 Holungen (Sonnenstein) | **Anfahrt** A38, Abfahrt Leinefelde-Worbis, auf B247 nach Worbis, dort in die Ohmbergstraße, dann über Kirchohmfeld bis Holungen | **Öffnungszeiten** Mo–Do 9–12, Fr 14–16 Uhr oder auf Anfrage, Tel. 036077/21844 | **Tipp** Wer in den Berg einfahren will, kann das in Thüringen zum Beispiel im Erlebnisbergwerk Sondershausen, Schachtstraße 20–22, wo auch große Rockkonzerte, Marathonläufe und Trauungen stattfinden.

49 — Es geht um die Wurst
Das 1. Deutsche Bratwurstmuseum

In Holzhausen, Bratwurstweg 1, ist alles Wurst. Bratwurst natürlich, mit Thüringer Herkunftssiegel. Ehe frech gekichert wird und abfällige Äußerungen dem Munde entfleuchen: Das Bratwurstmuseum ist Träger des »Thüringer Marketingpreises für Tourismus«. Die Thüringer Bratwurst steht europaweit unter Schutz. Man kann sich darauf verlassen, dass am westlichsten Punkt Europas eine Grillhütte steht mit der Aufschrift »Letzte Bratwurst vor Amerika« und dass da garantiert Thüringer auf dem Rost brutzeln. Militante Vegetarier bezichtigen die Einwohner dieses Bundeslandes der Fleischfresssucht. Nein, es ist glühende Leidenschaft.

Was auf den Rost kommt, muss frisch sein. Das Alter der Bratwurst jedoch ist fast biblisch. Schriftliche Ersterwähnung im Rechnungsbuch des Jungfrauenklosters in Arnstadt, wo Propst Johann von Siebleben 1404 notierte: »1 gr vor darme czu brotwurstin« – ein Groschen für Bratwurstdärme. Wenige Jahre später legten die Meister der Fleischerzunft in Arnstadt auch das Reinheitsgebot für einheimische Wurstwaren fest. Und wenn alljährlich Ende März Zehntausende zum Erfurter Domplatz pilgern, weil dort mit »Rostkultur – Thüringen glüht auf« offiziell und spektakulär die Bratwurst-Saison eröffnet wird, dann wird vielleicht langsam klar, wie wichtig dieses kulinarische Kulturgut im grünen Herzen Deutschlands ist.

Im Bratwurstmuseum werden informativer Ernst und fröhlicher Umgang mit dem Thema Bratwurst zusammengeführt, mit Bratwursttheater, Bratwurstseminaren, Bratwurstsongcontest, Bratwurstmärchen, Bratwurstiade am Tag der Deutschen Einheit und so weiter. Dem Thüringer Grillweltmeister haben sie eine Ehrenecke eingerichtet. Und sie haben es geschafft, dass ein Thüringer Saurier (siehe Seite 68) den Beinamen »der Wurstessende« erhielt.

Wissenschaftler und Journalisten nutzen gern und oft das Wurstarchiv in Holzhausen.

Adresse Bratwurstweg 1, 99334 Holzhausen (Amt Wachsenburg) | **Anfahrt** A4, Abfahrt Neudietendorf, weiter Richtung Apfelstädt, dann der Ausschilderung folgen | **Öffnungszeiten** April–Okt. Di–So, Feiertage 11–18 Uhr | **Tipp** Logischerweise gibt es auch ein Kloßmuseum: die »Thüringer Kloß-Welt« in der Hauptstraße 3 in Heichelheim, nördlich von Weimar.

50_Auf Kufen in Kurven
Die Schlittenscheune

Ist die Redewendung noch gebräuchlich, dass man »mit dem mal richtig Schlitten fahren« wird, wenn man sagen will, dass man diesen Jemand heftig zurechtweisen oder gar strafen werde? Dabei sind doch Schlitten eher winterliche Vergnügungsfahrzeuge als Strafinstrumente. Und vor dem Vergnügen stand meist die kluge Nutzung als Transporthilfsmittel. Alle Nordvölker haben ihre Toboggans oder Rentierschlitten (manche gar mit Kufen aus Rentierkiefern). Ohne Hundeschlitten hätte es Roald Amundsen nicht als Erster zum Südpol geschafft. Im Schweizer Dorf Küttigen reiten die Leute auf dem »Küttiger Frosch« den Berg hinunter. Und was ist das da im Ilmenauer Schlittenmuseum? Ein Kinderschlitten? Nein, eine Käsehitsche. Damit wurde aber nur äußerst selten Käse transportiert, sondern eigentlich Eisrennen gefahren. Dabei stand ein »Fahrer« auf der Hitsche und bewegte sein Gefährt mit Stangen oder Skistöcken auf dem Eis vorwärts. Peek oder Stachelschlitten sagte man auch dazu.

In Ilmenau gab es Zeiten, da war man schneller fertig, wenn man die nicht rodelnde Bevölkerung zählte. Hier machten spätere Olympiasieger, Welt- und Europameister ihre ersten »Fuhren«. André Lange, das Doppel Krause/Behrendt, Jens Müller, Rinn, Hörnlein, Scheidel. Rodeln war Volkssport mit Hang zu Höherem, vor allem zu hohen Siegertreppchen. Diese Sportgeschichte, die 1908 mit Bobrennen in Gabelbach und später am Lindenberg begann, wird in der Schlittenscheune anschaulich dargestellt. Ein Traditionsverein und viele ehrenamtliche Helfer haben in einem Hinterhof in der Langewiesener Straße ein Schmuckstück geschaffen, in dem man über die ausgestellte Schlitten- und Bobvielfalt ins Staunen gerät. Tüftler liebten Lenkschlitten. Hier gibt es sogar Schlitten mit Vorderbremse und Schneelandungsgarantie. Und wer sommers gern Tretroller gefahren ist, der kam winters auch mit dem Rennwolf klar. Bahn frei, Kartoffelbrei!

Adresse Langewiesener Straße 2a (Innenhof), 98693 Ilmenau | **Anfahrt** A71, Abfahrt Ilmenau-Ost, in Ilmenau auf der Bücheloher Straße bis Kreuzung Friesenstraße, dann weiter auf Friedrich-Ebert-Straße, dann links in die Langewiesener Straße | **Öffnungszeiten** Sa 14–16 Uhr und nach Vereinbarung, Tel. 0162 / 2826545 und 0177 / 5904351 | **Tipp** Bei Frauenwald finden Hundeschlitten-Meisterschaften – auch schon mal eine Weltmeisterschaft – statt (Termine im Internet).

INGERSLEBEN

51 Geheimrezepte
Das Heimatmuseum Ingersleben-Neudietendorf

Das Rezept dieses Heimatmuseums: Vielfalt. Hier wird nicht nur heimische Kost serviert, sondern ein Blick weit über den Tellerrand der Region hinaus ermöglicht. Das wichtigste Exponat ist das Haus selbst, vom Keller bis zum Dach. Jeder Raum des ehemaligen Ritterguts erzählt andere Geschichten. In der komplett eingerichteten Schwarzen Küche schaut die frühere Hausherrin Anna Margarethe von Ziegler vom Epitaph an der Wand auf ihr einstiges Reich. Nach welchen Rezepten die Mutter von sieben Kindern hier 34 Jahre lang kochte, darüber bewahrt sie steinernes Schweigen.

Weiterhin: Waidballen, das Gold der Region. Ein Musterbuch für mehrfarbigen Blaudruck. Eine Glocke, die nicht zu Kriegszwecken umgeschmolzen wurde, weil sie mit dem Namen »BACH« einen mächtigen Schutz auf dem Mantel trug. Ein Zimmer erinnert an die Schriftsteller-Schwestern Frieda und Margarethe von Bülow, die einen Teil ihrer Kindheit hier im Haus verbrachten, bei Großvater Baron von Münchhausen, einem Neffen des Lügen-Barons. Frieda gilt als Begründerin des Kolonialromans.

Der Norweger Andreas Liliendahl ließ in Neudietendorf eine Fabrik für Siegellack bauen. Geliefert wurde der Briefgeheimnisbewahrer bis nach Übersee, in rund 100 Farben, für Damen auch parfümiert. Großkunden bekamen die Lackstangen mit ihrem Namen gestempelt, einer davon war James Watt. Liliendahls Rezeptur versprach beste Qualität.

Eine ganz andere Rezeptur versprach baldige Genesung von einer grassierenden Epidemie: Ein Neudietendorfer Apotheker mixte aus Kräutern eine alkoholische Tinktur, die so gut ankam, dass sie auch nach Ende der Epidemie weiter verlangt wurde. Dieser »Aromatique« brachte bald mehr Geld ein als die übrige Arznei. Ein leichtes Schwindelgefühl bekommt man hier im Museum ganz ohne Alkohol, sobald man das Obergeschoss des in sich wundersam schiefen Hauses betritt.

Adresse Karl-Marx-Straße 40, 99192 Ingersleben | **Anfahrt** A4, Abfahrt Neudietendorf, über Neudietendorf, Apfelstädt nach Ingersleben | **Öffnungszeiten** So 14–18 Uhr oder nach Voranmeldung über Tel. 036202/82211 | **Tipp** Im nahen Ichtershausen, in der Klosterstraße 1, erzählt das Heimatmuseum unter anderem die Geschichte von Wilhelm Hey, der die Texte zu »Weißt du, wie viel Sternlein stehen« und »Alle Jahre wieder« schrieb.

52 — Weltsichtigkeit
Das Optische Museum der Ernst-Abbe-Stiftung Jena

Jeder Mensch sieht die Welt anders. Der eine lieber mit dem linken Auge, der andere mit dem rechten. (Das ist nicht politisch gemeint, fragen Sie Ihren Augenarzt oder Optiker.) Weil die Menschen aber immer mehr sehen wollten, als ihnen unmittelbar vor der Nase stand, erfanden sie allerlei Hilfsmittel. Das unentbehrlichste: die Brille. Als es sie noch nicht gab, half oft ein halbkugelförmig geschliffener Lesestein, gern ein Beryll. Der wurde direkt auf den Text gelegt. Später wurde er so geschliffen, dass man ihn näher ans Auge führen konnte. Vom Beryll über berille und Parille bis zur Brille war es noch ein beträchtlicher Weg über unterschiedlichste Versuche, sich diese Sehhilfen irgendwie am Kopf zu befestigen, ins Auge zu klemmen oder stilvoll am Stiel zu halten: Nietbrillen aus Eisen, Holz, Horn oder Leder, Klemmbrillen, Scherenbrillen, Lorgnetten, Schläfenbrillen. Die Chinesen (nein, sie haben nicht die Brille erfunden) trugen Faden- oder Gewichtsbrillen mit großen, schweren Gläsern – vor allem als Statussymbol, zum Sehen waren sie eher nicht geeignet.

Neben der größten Brillensammlung Europas kann man hier weitere Sammlungen in Augenschein nehmen: alte Mikroskope, Fotoapparate, Camerae obscurae, Laternae magicae, quer durch die Jahrhunderte. Mit dem Fernrohr lässt sich sogar ein Blick in die Vergangenheit werfen, bis hin zu Sternen, die längst erloschen sind. Und immer trug und trägt der veränderte Blick dazu bei, die Welt mit neuen Augen zu sehen.

Natürlich wird auch an drei Männer erinnert, die Jena zu einem Zentrum der optischen Industrie werden ließen: Ernst Abbe, Carl Zeiss und Otto Schott. Und im Treppenflur wartet die Unendlichkeit, ein verblüffender Spaß: ein Kasten mit einer kreisrunden Öffnung, innen komplett verspiegelt. Schiebt man den Kopf hinein, sieht man sich selbst in endloser Folge, in allen Richtungen. Alles eine Frage der Optik.

Adresse Carl-Zeiß-Platz 12, 07743 Jena | **Anfahrt** A4, Abfahrt Jena-Zentrum, Ausschilderung Richtung Volkshaus folgen | **Öffnungszeiten** Di–Fr 10–16.30 Uhr, Sa 11–17 Uhr | **Tipp** Das weltweit älteste Planetarium liegt in der Straße Am Planetarium und bietet Sternegucken auf modernste Weise, ergänzt durch viele Familienprogramme und Musik-Shows.

53 — Wunderwerkstatt Natur
Das Phyletische Museum

Gelegentlich verirren sich Briefmarkenfreunde hierher. Dies ist aber kein Museum der Philatelie, sondern der Phylogenie oder Phylogenese, also der Stammesgeschichte, die erklärt, wie beispielsweise der Mensch mit den Stachelhäutern und Manteltieren verwandt ist. Wissenschaftliche Informationen zu Evolution, Variabilität und Selektion verstärken das Staunen über den Arten- und Formenreichtum aus der Werkstatt Natur noch.

Wenn der Briefmarkenfreund die Marken behalten und lieber eine Taube mit seinen unfrankierten Briefen losschicken wollte, hätte er bei der Vielfalt der Taubenrassen die Qual der Wahl. Welche sollte es sein? Mit Füßen, die aussehen wie ein weiteres Flügelpaar? Mit wie Pfauenräder aufgestellten Schwanzfedern? Mit Locken, Perücken, großen Kröpfen? Herrlich sind auch die Männchen der Paradiesvögel: wie sie sich herausputzen, um als potenzieller Partner wahrgenommen zu werden. Andere Vogel-Männchen machen auf sich aufmerksam, indem sie ihre Balzplätze materiell hochwertig ausstatten, mit Beeren, Federn, Papierfetzen und Plastikteilen, akkurat sortiert und arrangiert. Diese Lauben sind eigentlich sekundäre Geschlechtsmerkmale, wer zu protzen versteht, kommt an bei den Damen. Die Vorliebe dafür wird sogleich an die Töchter weitergegeben.

Wenn man durch die Säle geht, kann man in Gedanken auf dem eigenen Stammbaum herumklettern, dem stillen Schweben der Quallen zuschauen, den einzigen lebenden Tieren im Museum, diesen »zartvioletten Orchideen des Meeres« (Marcel Proust). Man kann aber auch einem Tiger ins Auge blicken oder die Länge des gigantischen Unterkiefers eines Grönlandwales schätzen. Oder man erfreut sich an den Namen: Zipfelfrosch, Tannenzapfenskink, Bischofsmütze, Papierboot, Tapezierspinne, Falltürspinne. Für den Briefmarkenfreund: Gemeines Posthörnchen.

Allein schon die Schautafel mit den Käfern ist einen Besuch wert!

Adresse Vor dem Neutor 1, 07743 Jena | **Anfahrt** A4, Abfahrt Jena-Zentrum, über die Saale, dann links in die Knebelstraße bis zum Museum | **Öffnungszeiten** Di–Fr 9–13 und 14–17 Uhr, Sa, So, Feiertage 10–16 Uhr (außer 24., 31. Dez., 1. Jan. und Feiertagen am Mo) | **Tipp** Das Ernst-Haeckel-Memorialmuseum – die »Villa Medusa« – in der Berggasse 7 mit dem noch im ursprünglichen Zustand erhaltenen Arbeitszimmer Ernst Haeckels besuchen.

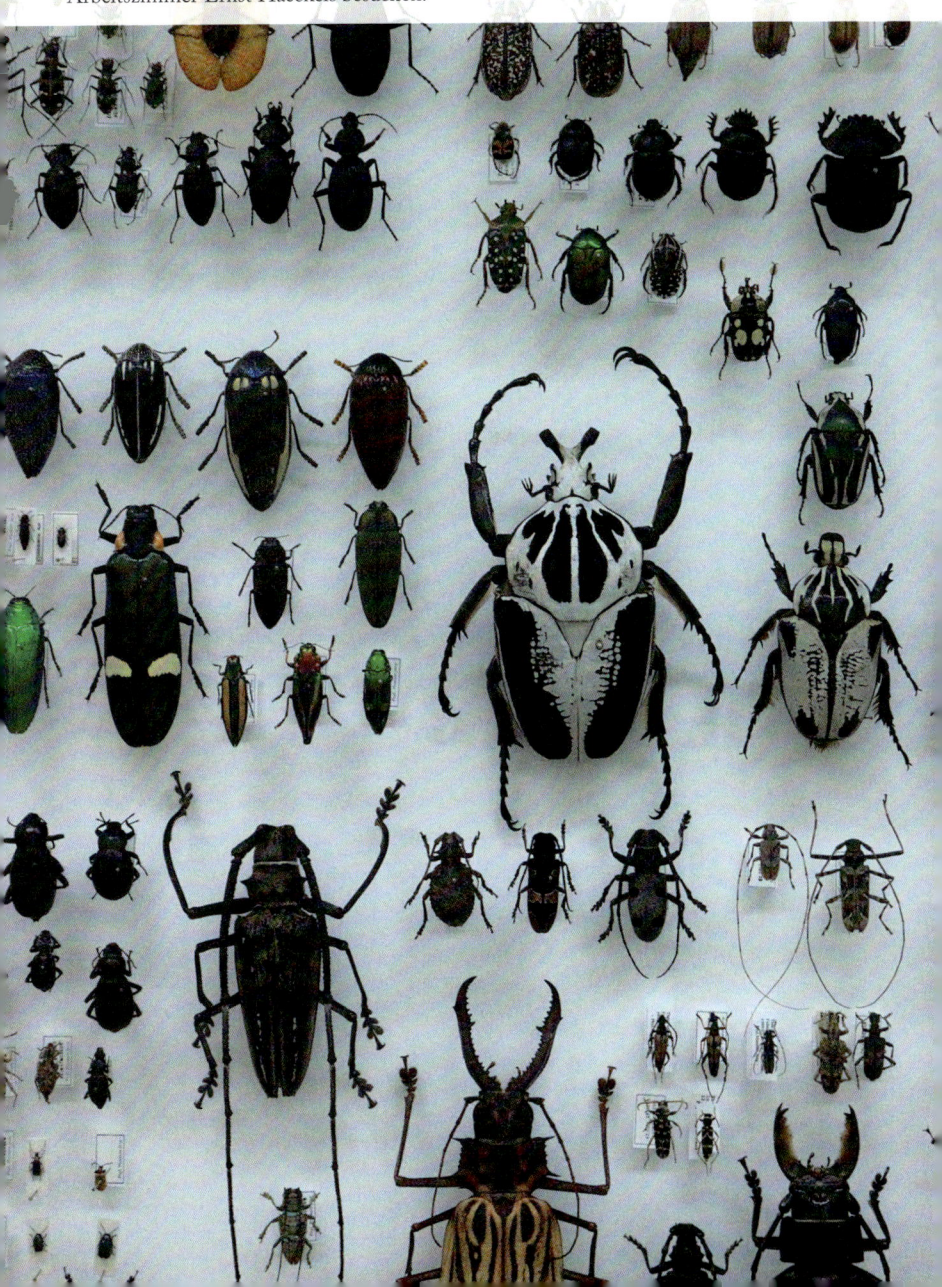

KRAFTSDORF

54 Mutz haut auf den Putz
Das Mutzmuseum

Wolpertinger, Rasselböcke, Einhörner und Loriots Steinlaus – Tiere gibt's, die gibt's gar nicht. Aber was es wirklich gibt: Kommaeulen, Punktschnecken. Es gibt gar ein Tier, das Ausrufezeichen heißt. Dann gibt es noch dieses frauengefährdende Raubtier, Bärtiger genannt. Und nicht zu vergessen: den Mutz.

Natürlich gibt es den Mutz, sonst gäbe es ja keinen wohlschmeckenden, über Birkenholz – das unbedingt vom nördlichen Südhang stammen muss – gegrillten Mutzbraten. Schmöllner Mutzbraten ist sogar patentrechtlich geschützt. Ohne Mutz gäbe es auch kein Mutzmuseum. Das findet man in Kraftsdorf. Gleich zu Beginn erfährt man dort auf einer Landkarte – Ortsbezeichnungen nach der Rechtschreibreform, die in drei Jahren gültig sein wird –, wo der Mutz verbreitet ist. Fast ausschließlich im Saale-Holzland-Kreis. 1953, als Schmölln und Altenburg durch eine Gebietsreform dem Bezirk Leipzig zugeschlagen wurden, ist der Mutz ins Thüringische geflüchtet, denn welches kluge Tier will schon in Sachsen wohnen. Allein die Sprache dort …

Betreiber des Mutzmuseums ist der Verein »Freie Mutzfänger Thüringen u.V.«, was für »unnützer Verein« steht. Der Verein hat über 200 aktive Mitglieder, eine Ortsgruppe sogar in Australien. Entstanden ist das alles, weil ein paar Leute sich gegenseitig beistanden, miteinander feierten und dann beim Mutzbraten auf eine lustige Idee kamen, nämlich den Mutz lebendig werden zu lassen. Und nun hegen und pflegen sie den Mutz, dessen Blut (38-prozentig, wie viele ordentliche Arzneimittel) besser als Viagra wirken soll.

Einen Mutz zu jagen ist nicht ungefährlich, denn die schlaue Kreatur hat sich gegen Feinde gewappnet. Sie ist elektrisch aufgeladen und nur in Spezialkleidung und mit Spezialmutzjagdgeräten erlegbar.

Die Gemeinde Kraftsdorf ist Mutzschutzgebiet. Nur hier steht das vom Verkehrsministerium erlaubte Schild: Vorfahrt für Mutze beachten!

Adresse Straße der Einheit 87, 07586 Kraftsdorf | **Anfahrt** A4, Abfahrt Hermsdorf-Ost, Richtung Kraftsdorf | **Öffnungszeiten** nur nach Voranmeldung, Tel. 036606 / 60650 oder -63424 | **Tipp** Mutz-Fragen beantwortet das Museum für Naturkunde Gera, Nicolaiberg 3, nicht, bietet dafür aber tierische Vielfalt. In der zugehörigen Unterwelt (Höhler Nummer 188) werden Minerale präsentiert.

55 Eine Krone zum Abschied
Das Friedhofsmuseum

In Kühndorf am Fuße des Dolmars gibt es neben der Dionysios-Kirche noch eine Friedhofskirche, 1617 auf dem Gottesacker außerhalb des Dorfes errichtet. Nach allmählichem Zerfall drohte ihr das Schicksal, als Sammelstelle für Rinder und Schweine zu dienen. Doch in den 90ern retteten engagierte Mitglieder der Kirchengemeinde die kleine Kirche und richteten in ihr ein Sepulkralmuseum ein, das an die Bestattungsrituale vergangener Jahrhunderte erinnert. Ausgestellt sind gusseiserne Grabkreuze, Grabsteine, Totentafeln, Bahrtücher, Begräbnisbekleidung.

Etwas ganz Besonderes ist die Sammlung von Totenkronen. Nach christlichem Gebot war es jedem Menschen aufgetragen, sich zu verheiraten. Wer als Kind oder Jugendlicher starb, wurde während der Beerdigung gleichsam dem Himmel vermählt. So war die Totenkrone eine Art Brautkrone, von den Angehörigen liebevoll aus Moos, Blüten, Gräsern und Kräutern geflochten, geschmückt mit Papierblumen, Wollfäden, Federn und Glasperlen. Nach der Beerdigung wurden diese Kronen in eigens dafür angefertigten hölzernen Schreinen aufbewahrt. Heute hängen sie ringsum an der Empore, neben Epitaphen in naiver Malerei, auf denen die Mädchen in den damals üblichen Trachten für den Betrachter wieder lebendig werden.

Die Ausstellungsstücke stammen aus Kühndorf und Umgebung, aber die Besucher kommen aus den unterschiedlichsten Ländern hierher. Wer eine Weile in der Stille der Kirche gesessen hat, auf 400 Jahre alten Holzbänken, wird sich tief verneigen vor denen, die all das geschaffen haben. Sie haben Spuren hinterlassen, mit Rötelstift auf das Holz der Empore geschrieben, um in Gedanken bei denen zu sein, die vor ihnen von dieser Welt gegangen waren. Bei einer ganz persönlichen Führung kann man sich die oft ergreifenden Geschichten einzelner Ausstellungsstücke erzählen lassen.

Adresse Gottesackerkirche, Dolmarstraße, 98547 Kühndorf | **Anfahrt** A71, Abfahrt Meiningen-Nord, auf B19 bis Abzweig Kühndorf, links in Dolmarstraße | **Öffnungszeiten** Besichtigung und Führung nach Vereinbarung über Tel. 036844 / 40630 | **Tipp** Die Johanniterburg besichtigen; man kann dort Feste feiern, übernachten, Seminare veranstalten oder Filme drehen (beispielsweise Grimms »Brüderchen und Schwesterchen«).

56 Jeden Tag Weihnachten
Das Museum für Glaskunst

Lauscha und Glas sind nicht voneinander zu trennen. 1597 erhielten die Glasmacher Greiner und Müller die Konzession, hier eine Glashütte zu betreiben – damit war der Ort gegründet. Zuvor wurde in Waldglashütten Glas geschmolzen, das wegen des Eisenoxids im verwendeten Sand grün war. Waldhütten waren zumeist Wanderhütten mit hohem Holzverbrauch. War der Wald ringsum gerodet, zogen sie weiter.

Die Konzession verpflichtete dazu, den herzoglichen Hof jährlich mit fünf Dutzend Trinkgläsern und anderen Gläsern zu versorgen. Wollte ein Glasmeister oder Hüttenknecht sein Haus verkaufen, dann nur an Glasmacher. Nicht erbberechtigte Söhne wanderten in die Umgegend, gründeten weitere Glashütten und damit neue Orte. Lauscha wurde zur Mutterhütte der Thüringer Glasproduktion.

Im Museum sind diese frühen Lauschaer Erzeugnisse zu sehen, Waldglas, Fadenglas, Butzenscheiben, Gefäße mit Emaillemalerei. Als die höfische Prunksucht nach Porzellan verlangte, dessen Geheimnis in Thüringen noch unbekannt war, versuchten es die Glasmacher mit Beinglas, das durch beigefügte Knochenasche weiß und undurchsichtig wurde. Dieses wiederum wurde wichtig für eine weitere Lauschaer Spezialität: künstliche Augen. Nach vielen Experimenten gelang es Ludwig Müller-Uri, Menschenaugen in bisher nicht erreichter Qualität nachzubilden, mit täuschend echter Iris aus farbigem Glas.

Als die Glashütten nicht mehr genügend Arbeit für die schnell wachsende Stadt boten, kam als Heimarbeit das Glasblasen vor der Lampe auf. Schmuck wurde gefertigt, Perlen, Figuren, Tiere. 1847 erfand ein Lauschaer gläsernen Weihnachtsbaumschmuck; zunächst für den Eigenbedarf, doch bald eroberte auch dieses Thüringer Produkt die Welt. Ein Museumsraum ist diesem Kapitel Glasgeschichte gewidmet. Hier ist das ganze Jahr über Weihnachten. Zeit für ein Geschenk: Wie wäre es mit Glasmurmeln?

Adresse Straße des Friedens 46, 98724 Lauscha | **Anfahrt** A73, Abfahrt Eisfeld-Nord, auf der B281 bis Abzweig Steinheid, Richtung Lauscha | **Öffnungszeiten** Di–Sa 12–17 Uhr, So und Feiertage 11–17 Uhr | **Tipp** Wer noch nie mit einer breitspurigen Standseilbahn gefahren ist, kann das in Großbreitenbach (15 Fahrminuten von Lauscha entfernt) tun. Sie steht unter Denkmalschutz und fährt im Halbstundentakt.

LEUBINGEN

57 — Historie mit Herzblut
Die Heimatstube

Was das ist? Eine Kinderklapper. Aus Gänsegurgeln. Das nächste Ding ist aus Metall, sieht aus wie ein Korkenzieher, der unters Auto gekommen ist, halbrund verbogen. Wozu diente es? Um Weinflaschen mit schiefen Hälsen zu öffnen? Nein, um Zähne zu ziehen. »Zahnreißer« heißt es. Na, wie schön, dass die Zahnärzte heute modernere Geräte haben. Das alte Pfarrhaus in Leubingen steckt voller Rätsel. Glücklicherweise ist meistens jemand dabei, der diese Rätsel lösen kann. Der Schornstein ist nicht nur eine Esse? Was noch? Eine Räucherkammer, ja, wie praktisch. Und was ist dieses Gefährt auf Kufen? Ein Eiskahn. Die Flüsse bei Leubingen traten im Herbst oft über die Ufer, das Wasser gefror auf den Wiesen. Wer sich nicht Kufen unter die Schuhe schnallen wollte oder konnte, den schob man auf diesem Stuhlschlitten-Eiskahn übers Spiegelglatte.

Jede Woche treffen sich in einer Stube des Hauses die Nadelarbeitsfrauen. Sie häkeln, stricken und sticken und tratschen auch ein bisschen. Im Nachbarzimmer steht die Hechelbank (wo aber nicht die Nachbarn durchgehechelt werden). Nette Museumsbesucher oder angemeldete Gruppen dürfen sich dazusetzen, bekommen Kaffee und Kuchen. Das ist überhaupt ein nettes Museum und ein wenig so etwas wie eine gut geordnete Stöberstube. Hier darf man die alten Dinge durchaus auch mal in die Hand nehmen und nah vors Auge halten.

Die Heimatstube ist ein Haus mit vielen Räumen. Was soll das denn sein? Ein Telefon? Wo wischt man da? Man wählt, mit der Drehwählscheibe. In welchem Zeitalter wurde denn so was benutzt? Da, eine Schiefertafel. Da konnten alle Schüler krietschend-kreischende Geräusche machen und nicht nur der Lehrer an der Tafel. Und der da? Ein Thüringer Fürst, der bei Leubingen begraben wurde, mit einem Kind, seinen Lieblingspferden, Goldschmuck und Bronzebeilen. Ein richtiges Gerippe liegt da nackt im Museum? Nur aus Plaste. Puh, ein Glück!

Adresse Werner-Seelenbinder-Straße 4, 99610 Leubingen (Sömmerda) | **Anfahrt** A71, Abfahrt Sömmerda-Ost, auf der B176 vorbei an Sömmerda nach Leubingen | **Öffnungszeiten** Mo–Fr 10–16, Sa, So 14–16 Uhr, außerhalb dieser Zeiten mit Voranmeldung, Tel. 03634/608527 oder info@heimatfreundeleubingen.de | **Tipp** Im nahen Weißensee steht nicht nur das älteste Rathaus Thüringens, daselbst findet sich auch das älteste Reinheitsgebot für Bier – in Deutschland. 1434! Lange vor den Bayern, die erst 1516 nachzogen.

58 Keineswegs verstockt
Das Stockmachermuseum

Hänschen klein ging allein in die weite Welt hinein. Stock und Hut steht ihm gut ... Und keiner stockt. Hut ist ja gut, vielleicht im Jan-Delay-Stil oder ein kuhles Käpp. Aber wieso mit Stock? Hat Hänschen ein Hinkebein? Nein. Jahrhundertelang ging kein Mann ohne Hut und Stock aus dem Haus. Der Stock war ein Statussymbol. Reiche Leute, Snobs und Bonvivants besaßen eine große Auswahl. Man schaue sich einmal Franz Liszts Stocksammlung an (siehe Seite 222). Mit Stockmacherei konnte man Geld verdienen, so wie der Herr Pogge, der Vater von Luise, genannt Pünktchen, der Erich Kästner den Anton zugesellte. Charlie Chaplin sagte über seinen Tramp, der Schnurrbart stünde für die Eitelkeit, die ausgelatschten Schuhe für die Sorgen und der Stock für die Würde des Menschen.

An der Flussschleife der Werra, mindestens genauso schön wie die Saarschleife, liegt Lindewerra. Aber nicht Linden, sondern Eichen machten den Ort zum Stockmacherdorf. Genauer gesagt Eichenschösslinge, also das nachsprießende Stangenholz. Das wuchs in Massen und ganz in der Nähe, als es 1836 den Liebesflüchtling Wilhelm Ludwig Wagner nach Lindewerra verschlug. Dort verschlug es ihm fast den Atem angesichts der Materialmengen. Und so fertigte er gemäß seines gelernten Berufes fortan Stöcke. Spazierstöcke. Wanderstöcke. Jagdstöcke, auf die man das Gewehr, und Krankenstöcke, auf die man sich beim Gehen stützen konnte. Zeitweilig lebte fast das ganze Dorf von der Stockmacherei. Es heißt, außer in der Schule und in der Kirche (wo manchmal der gemischte Chor »De Lingewerrschen Kerchenlerchen« singt) wurden in jedem Haus Stöcke gefertigt. 32 Arbeitsschritte braucht es, und ohne Stockbackofen geht gar nichts. Das und noch viel mehr erfährt man alles im Museum. Auch, dass die Stockmacher stolz ihre Stöcke auf internationalen Messen anboten – in Paris, Birmingham und natürlich in Stockholm.

Adresse Straße zur Einheit 2, 37318 Lindewerra | **Anfahrt** A38, Abfahrt Friedland, weiter auf B27 bis Oberrieden, dann über die Werrabrücke direkt nach Lindewerra | **Öffnungszeiten** April–Okt. So 13.30–17 Uhr, sonst auch nach Voranmeldung, Tel. 036087/98300 und -98310 oder heimatverein@lindewerra.de | **Tipp** Lindewerra ist Firmensitz des deutschen Blues-Independent-Labels »Ruf Records«. Mehrmals im Jahr gibt es hier international besetzte Blues-Konzerte.

59 Von Kohle und Bier
Das Brauereimuseum

Manchmal hört oder liest man ein Wort und kommt ins Stutzen. Stutzhaus ist so ein Wort. Es ist ein altes Haus und steht in der Mitte des lang gezogenen Straßendorfes Luisenthal. Stutzte man im Stutzhaus, war's eine kleine Philosophenschule? Stellte man Stutzen her für Fußballer oder ballernde Stutzen für Jäger? Stutzte man hier Vögeln die Flügel? Nichts von alledem, viel schmutziger. Stutze war ein Hohlmaß für Holzkohle und Kienruß. Hier im Stutzhaus ließen die Köhler einst ihre Erzeugnisse »zurechtstutzen« und bekamen dann ihren Niedriglohn – selbst bei größerer Menge.

Es sammelten sich ein paar Häuser um das Stutzhaus an. Die entstehende Siedlung benannte man nach dem Haus. Heute gehört Stutzhaus zu Luisenthal. Im Gebäude selbst wurde für den Hausgebrauch auch die Alltagsdroge Bier in Eigenbedarfsmenge hergestellt. 1892 ließ der Brauer Johann Keil auf den Grundmauern des Stutzhauses eine richtige Brauerei errichten. »Keil-&-Fasbender«-Bier wurde hier bis 1962 privat gebraut. Trotz anschließender Verstaatlichung und Teilmodernisierung blieb fast die gesamte alte Brautechnik erhalten. Als sich 1991 die Eigentumsverhältnisse wieder Richtung privat änderten, bot die Brauerei Luisenthal, in der schon länger nicht mehr gebraut worden war, einen ziemlich traurigen Anblick. Aber die Tristesse inspirierte die bayrischen Neueigentümer zu einem visionären Ausblick. Ein Museum sollte hier entstehen, inklusive Durstlöschung nach Museumsbesuch.

Übrigens mussten die bayrischen Brauereibesitzer und Museumsmacher erstaunt zur Kenntnis nehmen, dass ihr hochgelobtes Reinheitsgebot von 1516 keineswegs die deutsche Geburtsstunde von Hopfen, Malz und Wasser und sonst gar nichts ist. Denn hier in Thüringen war das bereits seit 1348 in Weimar und 1434 in Weißensee verbindliches Gesetz.

Die Geschichte vom Bierschinken sollte man dem Museumsführer jedoch eher nicht glauben.

Adresse Karl-Marx-Straße 8, 99885 Luisenthal | **Anfahrt** A4, Abfahrt Gotha, auf der B247 bis Ohrdruf, dort weiter auf B88, vorbei am Tobiashammer bis Luisenthal | **Öffnungszeiten** Di–So 11.30–17 Uhr | **Tipp** Im nahen Oberhof kann man ganzjährig auf die Bretter: in der Skihalle. Für Mutige im Winter: eine Bobfahrt in der Oberhofer Eisrinne, wo sonst internationale Rennschlitten-Wettbewerbe stattfinden.

60 Sitz ich beim Schwager …
Das Literaturmuseum im Baumbachhaus

Oft sind es Kleinigkeiten, die über weitere Lebenswege entscheiden. Zum Beispiel eine Brieftasche. Friedrich Schiller ließ seine versehentlich liegen, bei seinem Freund, dem Meininger Bibliothekar Reinwald. Der war neugierig, las die Briefe, einer war von Schillers Schwester Christophine. Das Ende vom Lied: Reinwald wurde Schillers Schwager, Christophine siedelte von Schwaben nach Meiningen über. Sie überlebte ihren Mann um Jahrzehnte und wurde dem kleinen Rudolf Baumbach großmütterliche Freundin. Als der Knabe wegen einer üblen Verfehlung getadelt wurde, riet sie ihm, sich in gereimter Form zu entschuldigen. So beginnen Dichterkarrieren, deren populärstes Resultat der Liedtext »Hoch auf dem gelben Wagen« sein dürfte. Baumbach studierte Naturwissenschaften, schrieb nebenbei Gelegenheitsgedichte und Lieder, wurde Redakteur der vom Triester Alpenverein herausgegebenen Kneipzeitung »Enzian«, kehrte später nach Meiningen zurück, verfasste Gedichte, Märchen, Geschichten, Versepen und einen Roman.

Das Haus, in dem Baumbach lebte, ist heute ein Literaturmuseum, das mit einer Bibliothek von über 2.000 Bänden (darunter bibliophile Kostbarkeiten wie die Werke von Hans Sachs und die Tischreden von Martin Luther) an den einstigen Hausherrn erinnert, aber auch an etliche andere Schriftsteller, die mit Meiningen verbunden waren: Jean Paul, der die Stadt wieder verließ, weil das Bier nicht gut genug war, Ludwig Bechstein, Sagensammler und zugleich herzoglicher Archivar, Bibliothekar und Altertumsforscher. Und natürlich Friedrich Schiller, der württembergische Asylant im zwei Fußstunden entfernten Bauerbach, der sich von Reinwald »Dinte« und »ein Buch recht gutes Schreibpapier, meine Louise Millerin darauf abzuschreiben« bestellte. Außerdem »1/2 Pfund von dem guten Schnupftobak«.

Zigarrenraucher Baumbach reimte später: »Mein Rauch Genuss. Dein Rauch Verdruss.«

Adresse Burggasse 22, 98617 Meiningen | **Anfahrt** A71, Abfahrt Meiningen-Nord, am Schloss Elisabethenburg parken | **Öffnungszeiten** Di–Fr 10–12 und 13–18 Uhr, Sa und So 14–16 Uhr (am Wochenende bitte an der Museumskasse im Schloss melden) | **Tipp** Das Geburtshaus Baumbachs in Kranichfeld, Rudolf-Baumbach-Platz 1, lädt ein ins Museum und ins Café.

MEININGEN

61 Zauber der Kulisse
Das Theatermuseum

Das ist ein Revolutionsmuseum. Denn nichts weniger als ein weltbedeutender Umbruch war es, als der Meininger Herzog Georg II. seine Theaterprinzipien formulierte und auch noch kompromisslos auf den Brettern, die die Welt bedeuten, durchsetzte. Wenn man nur einmal kurz darüber nachdenkt, erklärt sich schnell, dass der Urknall des Regietheaters nur von einem Diktator ausgehen konnte. Es brauchte diesen theaterverrückten Alleinherrscher, um den bis dahin wild herumimprovisierenden Schauspielern mit ihrem Stargehabe und ihren zusammengestoppelten Kostümen beizubringen, was eine ordentliche, texttreue, dem Autor und dem Publikum dienende Inszenierung ist, die man europaweit zu umjubelten Gastspielen schicken konnte.

»Die Meininger« waren damals auf den plural bevölkerten Bühnen etwas Singuläres, aber zuallererst war es das ganz individuelle Bemühen des Regisseurs, Szenen- und Kostümbildners Herzog Georg, Theateraufführungen »aus einem Guss« zu erschaffen. Er überließ nichts dem Zufall. Mit den Solisten wurde geprobt und Genaues wiederholbar festgelegt. Alle Kleindarsteller wussten, was sie wann und wo in den großen Massenszenen zu tun und vor allem zu lassen hatten. Unqualifiziertes Zerlatschen von Versfüßen war ab sofort genauso verpönt wie sinnloses Stimmgetöse.

Am 1. Mai 1874 begann in Berlin eine bis dahin beispiellose Aufführungsserie der »Meininger«. Bis zum letzten Vorhang 1890 in Odessa spielten sie fast 2.600 Vorstellungen in rund 40 europäischen Städten. Eine logistische Meisterleistung, erstmals die Eisenbahn nutzend, mehrere Waggons voll mit Bühnenbildern, Requisiten, Kostümen und Darstellern. Oft mussten an den Grenzen Zollbestimmungen dafür erst einmal festgelegt werden.

Im jährlichen Wechsel wird ein Bühnenbild gezeigt. Figurinen, Regieanweisungen, Dekorationsverzeichnisse von des Herzogs Hand, Fotos und Plakate ergänzen die Ausstellung.

Adresse Schlossplatz 2, 98617 Meiningen | **Anfahrt** A71, Abfahrt Meiningen-Nord, am Schloss Elisabethenburg parken | **Öffnungszeiten** Di–So 10–18 Uhr, während der circa einstündigen Vorführungen (10, 12, 14 und 16 Uhr) kein Einlass; einmal im Jahr mehrere Tage wegen Umbau geschlossen | **Tipp** Nebenan im Schloss Elisabethenburg kann man sich auf eine spannende Entdeckungsreise zu höfischer Baukunst, Lebensweise und Kultur begeben.

MÜHLHAUSEN

62 ___ Kabelbaum und Gurkensalat
Das Fernmeldemuseum

Dreimal kurz, dreimal lang, dreimal kurz. Was ist das? Freilich, das ist der SOS-Ruf, gemorst. Der Herr Morse mit den schönen Vornamen Samuel Finley Breese erfand den Morseapparat, einen Schreibtelegrafen, und das notwendige Morse-Alphabet. Technisch gesehen konnte man so telefonieren. Aber da fehlten noch Apparate, in die man hinein- und solche, aus denen man heraussprechen konnte.

Das Mühlhäuser Museum hat so einen legendären Apparat: ein um 1900 von der »American Telephone & Telegraph Company« gebautes Telefon von Alexander Graham Bell. Ein Fall von geistigem Diebstahl. Denn das Telefon haben vor dem Know-how-Dieb Bell schon Herren wie Manzetti, Meucci und Puskás erfunden. Und Elisha Gray, dessen Patentanmeldung der clevere Bell um zwei Stunden zuvorkam. Funktioniert hat so ein Gerät schon bei Johann Philipp Reis. Zahlreiche Mitglieder des »Physikalischen Vereins Frankfurt« waren dabei, als er am 26. Oktober 1861 den wunderlichen Satz »Das Pferd frisst keinen Gurkensalat« sprach, der wanderte durch die Leitung und war beim Empfänger akustisch verstehbar. Einen hernach wesentlich verbesserten Apparat verkaufte Reis in großer Zahl weltweit als wissenschaftliches Demonstrationsobjekt, auch in die USA. Alexander Graham Bell bedankte sich – nie.

Das erste Mühlhäuser Telefonbuch passte auf ein A5-Blatt. Damals gab es die ultimative Flatrate – man konnte telefonieren, so lange man wollte. Das Fräulein vom Amt hatte durchzustellen. Wieso eigentlich Fräulein? Weil man Unverheiratete auf das Fernmeldegeheimnis einschwören konnte. Heirat machte Frauen dem Manne untertan, und darum war auch der Arbeitsplatz gleich futsch. Kann man alles hier erfahren, und viele Kabelbaum-Geschichten obendrauf. Vor allem aber rattert und knattert es, wenn die Fernmeldetechnik vorgeführt wird. Wie lange noch?

Adresse An der Burg 1, 99974 Mühlhausen | **Anfahrt** A38, Abfahrt Leinfelde-Worbis, B247 bis Mühlhausen, oder A4, Abfahrt Gotha, B247 (über Gotha, Bad Langensalza) bis Mühlhausen, dort links in den Kreuzgraben bis An der Burg | **Öffnungszeiten** Besuch nur nach Voranmeldung, aber immer möglich, Tel. 03601 / 7588003 und info@fernmeldemuseum-muehlhausen.de | **Tipp** Auf www.muehlhaeuser-museen.de wird man in die reiche Museumslandschaft dieser Stadt eingeführt, im Original ist alles viel schöner.

MÜHLAUSEN

63 — Drauf und dran
Die Müntzergedenkstätte St. Marien

Wann er in Stolberg geboren wurde, weiß man nicht genau. Um 1489. Wann und wo er starb, das notierten die adligen Sieger genau: am 27. Mai 1525 vor den Toren der Stadt Mühlhausen. Der Scharfrichter machte den aufrührerischen Prediger und Bauernführer Thomas Müntzer einen Kopf kürzer.

Warum? Müntzer predigte in Deutsch. Das war eine Revolution, galt aber nicht als Verbrechen. Allerdings predigte Müntzer im Gegensatz zu »bruder mastschwein und bruder sanffteleben« (wie Müntzer sein ehemaliges Leitbild Luther nannte) wider die weltliche Obrigkeit. Der Papst und sein Tun, dies war weit weg. Die Zustände in deutschen Landen waren nah und drückend ungerecht. Eine Rede ist aus heutiger Sicht der Wendepunkt vom Mittelalter zur Neuzeit: Müntzers Fürstenpredigt in Allstedt im Juli 1524, eine Bibelauslegung, die dem einfachen Volk erstmals das Recht zusprach, gegen Willkür und Unrecht vorzugehen (auch mit Gewalt) und die Zustände nicht als gottgegeben hinzunehmen.

Müntzer geißelte auch die Kirchenvertreter, die das Volk als Schafe ansahen, die im Sinne des Adels gehütet werden müssten. Die Kirche habe aus Jesus Christus eine »hanffpotze« gemacht, eine Vogelscheuche. Solcherart waren auch die Reden, die der gewählte Pfarrer in der Kirche St. Marien zu Mühlhausen hielt. Er beließ es nicht bei Reden. Er ging gegen Privilegien vor, machte Räume für Obdachlose frei und richtete eine Armenspeisung ein. Von Mühlhausen aus führte er ein Bauernheer unter der Regenbogenfahne zur letzten großen Schlacht des Bauernkrieges bei Frankenhausen (siehe Seite 24).

St. Marien ist heute Gedenkort und Museum für den Mann, der seine Unterschrift mit dem Zusatz »qui pro veritate militat in mundo« versah, »der für die Wahrheit der Welt kämpft«. Die Fürsten ließen den Kopf, in dem diese freiheitlichen Ideen gedacht worden waren, auf einen Pfahl aufgespießt zur Schau stellen.

Adresse An der Marienkirche, 99974 Mühlhausen | **Anfahrt** A38, Abfahrt Leinefelde-Worbis, oder A4, Abfahrt Gotha, auf B247 nach Mühlhausen, in den Kreuzgraben einfahren, Parkplatz suchen, zu Fuß durch die Innenstadt | **Öffnungszeiten** Di–So 10–17 Uhr | **Tipp** Die Ausstellung in der 1802 profanierten Crucis-Kirche am Kornmarkt widmet sich ganz dem Thema Bauernkrieg.

64 Perlen der Glasmacherei
Museum im Geißlerhaus

Heinrich Geißler (1814–1879) war Glasbläser, Instrumentenmacher und Erfinder der »Geißlerschen Röhre«, einer gläsernen Niederdruck-Gasentladungsröhre, wichtig für Elektrizitätslehre und Vakuumtechnik. Klingt zu technisch? Also noch einmal anders von vorn: Es war einmal eine junge Frau namens Johanna Rosina Eichhorn, die heiratete einen Mann namens Georg Geißler, lebte mit ihm in ihrem Haus in Igelshieb (einem Ortsteil von Neuhaus) und gebar zwölf Kinder. Ein Stück Feld für die Kartoffeln, ein Stück Wiese für die Ziegen, das war zu wenig, um die Familie zu ernähren. Doch auch die Glasbläserei warf nicht viel ab, obwohl die Kinder von klein auf bei der Heimarbeit helfen mussten.

Vater Geißler versuchte sich am Bau von Barometern und Thermometern, die Söhne eigneten sich die dafür notwendigen Kenntnisse an und gingen auf Wanderschaft. Heinrich ging nach München, Ulm, Bonn, Den Haag, er arbeitete mit Wissenschaftlern zusammen, gründete in Bonn eine Werkstatt für physikalische und chemische Glasapparate. Auf der Pariser Weltausstellung bekam er für mehrere seiner Produkte aufgrund ihrer Genauigkeit und Empfindlichkeit eine Goldmedaille. Später wurde ihm, der lediglich eine Einklassen-Wandelschule (Unterricht in wechselnden Bauernhäusern) besucht hatte, die Ehrendoktorwürde der Universität Bonn verliehen.

Sein Geburtshaus, ein denkmalgeschütztes Schieferhaus, ist heute ein Museum, das sein Leben und Werk würdigt, aber auch an einen weiteren Igelshieber erinnert: an Albin Schaedel (1905–1999), einen experimentierfreudigen und international bekannten Glaskünstler. Auch er entstammte einer Glasmacher-Familie und erlernte das Handwerk der Glasperlen-Herstellung von seinem Vater.

Außerdem zu sehen: Ampullen, Weihnachtsbaumschmuck, Röhren für Rundfunkgeräte, Flakons, Glasfedern, Glasspielzeug, Thermometer. Und Glasperlen.

Adresse Sonneberger Straße 106, 98724 Neuhaus am Rennweg | **Anfahrt** A73, Abfahrt Eisfeld-Nord, auf der B281 bis Abzweig Steinheid, nach Neuhaus | **Öffnungszeiten** Mi–Sa 14–17 Uhr, So 14–16 Uhr | **Tipp** Das Museum in Neuhaus am Rennweg, Marktstraße 3, ist ein Erlebnismuseum für alle Altersgruppen, mit der Antwort auf die Frage, warum der Rennsteig hier Rennweg heißt. Eine Kombikarte gilt für beide Museen.

65 Kreisrunde Nostalgie
Museum für Stadtgeschichte

Mit dem Fahren ist es schon komisch. Kraftfahrer fahren pferdestärkengetriebene Fahrzeuge. Ziehen die PS, dann heißt es nicht Fahrwerk, sondern Fuhrwerk, gelenkt vom Fuhrmann, obwohl der auch fährt. Fahrensleute wiederum nutzen schwimmende Fahr- beziehungsweise Fährmittel. Alle müssen Berufserfahrung mitbringen, also erfahrene Berufler sein. Da bleibt, alles in allem, nicht viel Wortmaterial für die Männer vom Karussell, die Schausteller. Sie betreiben Fahrgeschäfte, wegen schneller Abbau- und Wegfahrmöglichkeit auch »fliegende Bauten« genannt. Obwohl die nie fliegen, nur gefahren werden.

Langer Rede kurzer Sinn: Die Wiege der deutschen Fliegbautenfabrikation stand in Neustadt an der Orla. Vorher gab es natürlich ortsgebundene Einzelstücke dieser türkischen Amüsiermaschinen, sonst hätte zum Beispiel Zar Peter I. bei einem seiner Dresdenbesuche nicht »Drehe« fahren können. Und als 1766 der Wiener Prater eröffnet wurde, da war das »Ringelspiel« die Hauptattraktion.

Im Neustädter Museum findet man neben Räumen für den Cranachaltar, für die Giftkröte auf dem Brotlaib und weitere Geschichtsexponate einen größeren Raum, der sich ausschließlich mit Karussells beschäftigt.

Arbeiter von acht Fabriken haben in Neustadt auskömmlich vom Karussellbau gelebt. Alles begann mit dem Zimmermann Friedrich Heyn, der Holzpferde für Fahrgeschäfte schnitzte und knallbunt anmalte. Schnell kamen Löwen und Elefanten dazu, Kamele, Antilopen, Nashörner, Hunde und Glücksschweine. Mit Schnörkeln übersäte Kutschen, Schlitten und Schiffe wurden montiert. In den 20er Jahren waren thematische Karussells in: Reise zum Mond, Seesturm, Drachenbahn. Auch heute drehen sich auf historischen Jahrmärkten oder bei Liebhabern dieser nostalgischen Attraktionen immer wieder Neustädter Karussells unter vielen bewundernden Blicken. Hier im Museum dürfen Karussell-Liebhaber ein bisschen schwelgen.

Adresse Kirchplatz 7, 07806 Neustadt an der Orla | **Anfahrt** A9, Abfahrt Triptis, auf der B281 Richtung Pößneck nach Neustadt, Triptiser Straße, Ernst-Thälmann-Straße, rechts in die Schulgasse bis Kirchplatz | **Öffnungszeiten** Mi, Do, Fr 12–17 Uhr, Sa 10–17 Uhr, So 14–17 Uhr | **Tipp** Nach dem Museumsbesuch unbedingt die daneben liegenden mittelalterlichen Fleischbänke ansehen, allerletzte Originalzeugen europäischer Handelskultur jener Epoche.

66 Kultiger Mittelpunkt
Opfermoor Vogtei – Museum und Freigelände

Kaum waren BRD und DDR im Oktober 1990 vereint, tauchte die Frage nach dem Mittelpunkt des neuen Staatsgebildes auf. Fünf Orte – mit unterschiedlichen Methoden ermittelt – konnten sich darum streiten. Niederdorla darf für sich beanspruchen, als erster benannt worden zu sein. 1991 wurden hier eine Kaiserlinde gepflanzt und ein Stein aufgestellt – als Treffpunkt für das alle fünf Jahre stattfindende Mittelpunktfest.

Ganz andere Rituale wurden nur ein paar Schritte entfernt gepflegt. Das Areal am Ufer eines kleinen Sees galt über 1.000 Jahre lang als heiliger Ort, an dem sich germanische Stämme mit Opfergaben die Gnade ihrer Götter sichern wollten. Die Altäre, aus Muschelkalkstein errichtet oder als Rasenstück angelegt, Rundzäune aus Haselruten, Knochen von geopferten Tieren und Menschen, Waffen, Scherben von Opfergefäßen, Zeremonialstäbe, Darstellungen von Gottheiten versanken im Moor und wurden dort über Jahrhunderte konserviert. Vor rund 60 Jahren stießen Torfstecher auf erste Funde. Akribisch wurde mehrere Jahre lang erforscht, welche Geheimnisse das Moor Stück für Stück preisgab.

Vom Weimarer Museum für Ur- und Frühgeschichte geborgen und konserviert, sind nun einige Stücke an den Fundort zurückgekehrt, in ein neues Museum. Am Ufer des Sees wurden Opferkultstätten originalgetreu rekonstruiert. Man kann zu Gottheiten aufblicken, die lediglich ein Pfahl sind oder eine große Astgabel und doch für unsere Vorfahren höhere Wesen verkörperten, die sie um Fruchtbarkeit baten, um Jagdglück, um Frieden oder um den Sieg in kriegerischen Auseinandersetzungen.

Gleich daneben wurde eine germanische Siedlung nachgebaut. Lehmhäuser, mit Schilf gedeckt, gewähren einen Blick in vergangene Zeiten, in denen verschiedenen germanischen Stämmen genau dieser Ort ein wichtiger spiritueller Mittelpunkt war, mit magischer, überregionaler Anziehungskraft.

Adresse Schleifweg 11, 99986 Niederdorla | Anfahrt A4, Abfahrt Eisenach-Ost, auf L1021 nach Stregda, von dort auf L1016 über Neukirchen, Mihla, Nazza und Langula zur Vogtei | Öffnungszeiten geänderte Öffnungszeiten siehe www.opfermoor.de | Tipp In vielen Orten dieser Gegend stehen Fachwerkhäuser. Eines der kuriosen ist das Grenzhaus in Heyerode, durch das eine Straße hindurchführt.

NORDHAUSEN

67 — Wasser mit Dreh
Echter Nordhäuser Traditionsbrennerei

Henriette heißt das Huhn, das zielgerichtet ein Korn nach dem anderen wegpickt und letztendlich mit zwei Schnabelschlägen an der Kornflasche das Kaufsignal gibt. Im Innenhof des denkmalgeschützten Häusergevierts steht Henriette aus Holz gebildhauert – mit goldenem Schnabel. Logisch, Hühner können sich ja keine goldene Nase verdienen.

Aber das Museum dieser weltweit bekannten Nordhäuser Firma zeigt mehrfach, dass Kornbrennen eine Goldgrube sein kann. Schon im Kassenbereich erfährt man, dass der Staat bei jedem Schluck, den sich Bürgerin oder Bürger gönnen, kräftig mitschluckt. Es gab Zeiten, da sanierte man die Stadtkasse der freien Reichsstadt Nordhausen mit der Branntweinsteuer.

Martin Luther meinte: »Unser Deutscher Teufel muss Sauff heißen.« Warum aber bezeichnet das lateinische »spiritus« gleichzeitig Alkohol und Geist, der als »sanctus spiritus« gar geheiligt wird? Oh, Schnaps, geheiligt sei dein Name, dein Rausch komme, das ist der Himmel auf Erden!?

Satan habe, als er in einen Baum geklemmt war, schrieb Ludwig Bechstein, aus Langeweile den Schnaps erfunden. Nach der Befreiung sei Belzebub schnurstracks nach Nordhausen gegangen, wo es mit der Stadt sofort ebenfalls ging, nämlich aufwärts. 1507 notierte der Stadtschreiber, hier mache man »gebranntes Wasser«. Ein Getränk von hoher Reinheit. Thüringer Alkoholitäten-Hersteller hatten sich viel eher Reinheitsgeboten zu unterwerfen, als das deutschlandweit bekannt ist. Kornbrand aus Nordhausen muss seit 1789 rein sein, also zwei Drittel Roggen, höchstens ein Drittel Gerste oder Malz und schon gar keine Streckung durch minderwertigen und geschmacksverpfuschenden Kartoffelschnaps.

Über 500 Jahre Branntweingeschichte kann man im Museum verfolgen. Und wer will, darf auf Henriettes Spuren die heutige Qualität prüfen. Prost! Es möge nützen.

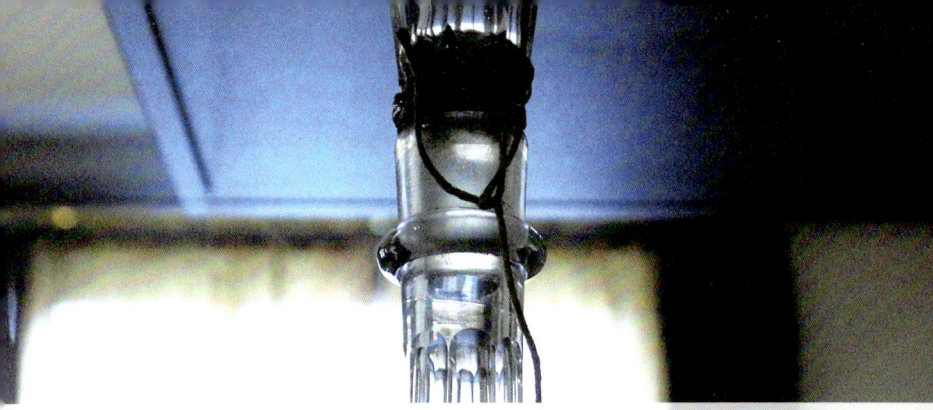

Adresse Grimmelallee 11, 99734 Nordhausen | **Anfahrt** A38, Abfahrt Nordhausen, auf B4 in die Stadt bis Kreuzung Hallesche Straße, links abbiegen, dann der Ausschilderung folgen | **Öffnungszeiten** Mo–Sa 10–16 Uhr | **Tipp** Im Tabakspeicher, Bäckerstraße 20, befindet sich das Nordhäuser Museum für Industriegeschichte – Anfassen und Mitmachen ausdrücklich erwünscht.

PAULINZELLA

68 __ Halleluja und Halali
Das Museum im Jagdschloss

Das Museum im Jagdschloss gleich neben der Klosterruine ist zweigeteilt: Ein Teil widmet sich klösterlicher Stille, der andere dem Tumult der Jagd. Latein und Jägerlatein, sozusagen.

Kurz nach 1100 gründete die Adlige Paulina (nach zwei Ehen und der Geburt von fünf Kindern) das Kloster Marienzelle, das erst nach ihrem Tod fertiggestellt und nach ihr benannt wurde. Zunächst von Nonnen und Mönchen genutzt, wurde es später ein reines Männerkloster. Nach der Reformation verfiel es, wurde zum Steinbruch für andere Bauwerke und geriet erst in der romantischen Hinwendung zum Mittelalter um 1800 wieder ins Blickfeld.

Das Kloster war ein wichtiger Wirtschaftsfaktor für die Region, ihm gehörten 19 Ortschaften, Güter, Vorwerke, Mühlen, Felder, Wälder, Weingärten, Fischteiche. Nach seiner Auflösung ging der Wald in den Besitz der Schwarzburg-Rudolstädter Grafen und Fürsten über. Holz, Pilze und Früchte wurden von der Bevölkerung gesammelt, aber die Jagd auf das Wild war Privileg der Adligen. Damit sie die Hatz besser beobachten konnten, wurden Schneisen durch den Wald geschlagen – der Flurschaden war größer als der Ertrag der Jagd. Bei der »eingestellten« Jagd mussten die Bauern tagelang Hilfsdienste leisten, mittels Netzen und Tüchern die Tiere immer weiter in die Enge treiben und aufpassen, dass ihnen kein Tier »durch die Lappen ging«.

Zunehmend wurde das Waldgewerbe forstwissenschaftlich begleitet. So auch von Oberforstmeister Carl Christoph von Lengefeld. Obwohl König Friedrich II. ihn für 6.000 Reichstaler Jahresgehalt nach Preußen berufen wollte, blieb er in Thüringen und schrieb Bücher mit sehr langen, hölzernen Titeln. Er starb zu früh, um die Hochzeit seiner Tochter Charlotte mit dem mittellosen Bürgerlichen Friedrich Schiller mitzuerleben. Auf seinem Gebiet wurde auch Lengefeld ein Klassiker. Dass sein Enkel Karl Forstbeamter wurde, hätte ihn gefreut.

Adresse Paulinzella 3, 07422 Paulinzella (Königsee-Rottenbach) | **Anfahrt** A71, Abfahrt Ilmenau-Ost, auf B87 Richtung Stadtilm bis Abzweig (rechts) auf K11/L1114 nach Paulinzella | **Öffnungszeiten** April–Okt. Mi–So 10–17 Uhr | **Tipp** Das Motorsägenmuseum »Vom Steinbeil bis zur Motorsäge«, ebenfalls im Jagdschloss Paulinzella, zeigt eine fast vollständige Hilfsmittelsammlung für Baumfäller.

PLOTHEN

69 Fische unterm Fußboden
Museum für Fischerei- und Teichwirtschaft

Plothen liegt im »Land der tausend Teiche« – nicht in Finnland, sondern auf der Hochfläche des östlichen Thüringer Schiefergebirges. Von den ehemals 2.000 Teichen sind heute noch etwa 600 übrig. Angelegt wurden sie im 11./12. Jahrhundert von Mönchen zur Fischzucht – sie wollten auch in Fastenzeiten nicht vom Fleische fallen. Weil diese Teiche ausschließlich vom Himmel mit Regenwasser gespeist wurden, nannte man sie »Himmelsteiche«. Teilweise sind sie mit Gräben und Kanälen verbunden, sodass sie nacheinander abgelassen werden können, mit dem untersten beginnend. Das Ablaufwerk mit variabel einsetzbaren Staubrettern heißt »Mönch«. Ist der Teich leer, werden aus dem Schlick Karpfen, Zander, Aale und Schleie »geerntet«. Der nächste Regen lässt die Pegel dann wieder steigen.

Der größte Teich ist der Hausteich. Darin wurde vor über 350 Jahren ein Holzhaus errichtet, auf 90 Pfählen. Eine Sage erzählt, ein Bruderstreit wäre schuld an diesem Bau, der Unterlegene baute für sich eine Behausung im See. In Pestzeiten hat das Haus als Kirche gedient, in der auch Trauungen stattfanden. Später nutzte es der Greizer Fürst als Jagdhütte, wenn er auf Entenjagd war. Ein Schulmeister schrieb 1929 zahlreiche Artikel über die Vorzüge dieser sanften Landschaft. Das Pfahlhaus, nun gastronomisch genutzt, wurde beliebtes Ziel für Sonntagsausflüge. Schließlich dümpelte es als Geräteraum und Lager des VEB Binnenfischerei Knau vor sich hin und drohte zu zerfallen.

Zum Glück gab es Enthusiasten und Sponsoren, die dieses in Thüringen einmalige Bauwerk retteten und es zu einem kleinen, feinen Museum umgestalteten. Hier wird von Teichen, einem Bruderzwist und dicken Karpfen erzählt. Und von Schüttelfässern, die man zum Transport lebender Fische benutzte.

An einer Stelle kann man durch den Fußboden in den Teich hinabschauen. Ruhig ziehen die Fische dort ihre Bahn.

Adresse Hausteichhaus, Ortsstraße 64, 07907 Plothen | Anfahrt A9, Abfahrt Dittersdorf, Richtung Plothen | Öffnungszeiten Mai–Okt. So und Feiertage nachmittags, zusätzlich für Gruppen über Tourist-Information Plothen April–Okt. über Tel. 036648/23922; Heimatverein Plothen e.V. Tel. 036648/22326; Infostelle für Naturschutz Tel. 036648/22348 | Tipp Eines der ältesten noch original erhaltenen Laufwasser-Kraftwerke Deutschlands ist in Ziegenrück, Lobensteiner Straße 6, zu bestaunen. Mit Hochspannungsvorführung!

70 ___ Beben und beben lassen
Das Museum Burg Ranis

Deutschland erlebt jährlich bis zu 1.000 Erdbeben, die allerdings nicht oder nur schwach fühlbar sind. Wem das zu wenig ist, der kann nachhelfen: auf der Burg Ranis, am Tektonik-Tisch. Einmal kräftig am Rad drehen und die Adriatische Kontinentalplatte gegen die Europäische Platte schieben, schon werden die Alpen aufgefaltet, der Oberrheingraben bricht auf – was zu Erdbeben in Mitteleuropa führt. So einfach.

Das Museum zeigt eine Sammlung von Messgeräten zur Aufzeichnung von Bodenbewegungen, zumeist zwischen 1900 und 1980 gebaut. Doch Versuche, Erdbeben zu erfassen, gab es schon weitaus früher. So findet sich hier auch die Nachbildung des wahrscheinlich ältesten Seismoskops der Welt, im Jahr 132 in China gebaut. Auf einem Bronzegefäß hocken acht Drachen, kopfunter. Jeder hielt eine kupferne Kugel im Maul, im labilen Gleichgewicht. Die leiseste Erschütterung genügte, um im Gefäß ein Pendel schwingen zu lassen. Spie ein Drache seine Kugel aus, landete sie im weit aufgesperrten Maul eines Porzellanfrosches direkt unter ihm. Der dadurch verursachte Klang verriet die Richtung des Erdbeben-Epizentrums. So hübsch anschaulich lassen sich die neuzeitlichen Seismografen dieser einzigartigen Sammlung leider nicht erklären.

Bevor die Seismografen auf der Burg einzogen, lebten dort andere Grafen – Ranis war 400 Jahre lang Stammsitz der Familie von Breitenbuch (vormals Breitenbauch). Einer von ihnen, Dietrich von Breitenbuch, erforschte die Ilsenhöhle unter dem Burgberg. Altsteinzeitliche Fundstücke sind im Museum, das er 1926 gründete, zu sehen.

Ilsa ist ihm gewiss nicht begegnet. Die Tochter von Raubrittern soll laut einer Sage im Bergesinneren eine Herde goldener Schafe hüten und gelegentlich ihren goldenen Stab auf den Boden stoßen, ungeduldig auf Erlösung hoffend. Doch diese Erschütterungen können auch die modernsten Breitband-Seismometer nicht erfassen.

Adresse Burg Ranis, 07389 Ranis | **Anfahrt** A9, Abfahrt Triptis, auf B281 Oppurg nach Pößneck, dort Richtung Ranis, dort ausgeschildert | **Öffnungszeiten** April–Okt. Di–So und Feiertage 10–17 Uhr; Nov.–März Sa, So 13–17 Uhr | **Tipp** Das Raniser »Artenschutzzentrum Thüringen«, Preißnitzberg 5, informiert über die Pflanzen- und Tierwelt Thüringens, mit Aquarien, Dioramen, Volieren und einem Wisentgehege.

RENTHENDORF

71_ 9.000 Bälge und 14 Bälger
Die Brehm-Gedenkstätte

Die Brehm-Gedenkstätte trägt nicht den Vornamen Alfred, weil man sonst Christian Ludwig unterschlagen würde. Letzterer zeugte mit zwei Frauen 14 Kinder, die meisten lebten nur kurz. Zu den Überlebenden zählte Alfred. Pfarrer Christian Ludwig Brehm war der akribische Wissenschaftler, der geradezu fanatische Vögelsammler. Er präparierte selbst, kaufte und tauschte. Obwohl er keine Forschungsreisen unternahm, lagen am Ende seines Lebens über 9.000 Vogelbälge aus ganz Europa im Pfarrhaus Unterrenthendorf. »Vogelpfarrer« wurde er genannt, sein Sohn Alfred »Tiervater«.

Alfred Brehm machte die Tiere zu Volksgut, brachte die »Thierwelt« aus allen Kontinenten in die Stuben der Bürger und in die Klassenzimmer der Volksschulen. Sein Architektur-Studium brach er ab, weil er sich als Assistent für eine Forschungsexpedition nach Nordafrika und Arabien hatte anwerben lassen. Die fünf Jahre Jagd nach ornithologischen und anderen Exponaten erbrachten so bedeutsame Beute, dass Assistent Brehm, gerade mal 20-jährig, Mitglied der Akademie Leopoldina in Halle wurde. Chalilh Effendi, so Alfreds Spitzname nach der Reise, studierte Naturwissenschaften in Jena, wo er nach vier Semestern mit einer Promotion abschloss. Seine Schriftstellerlaufbahn begann er mit populärwissenschaftlichen Artikeln, die in der »Gartenlaube« erschienen. Alfred war Zoodirektor in Hamburg, Chef des Berliner Aquariums, fünffacher Familienvater, Freimaurer, forschte auf Reisen nach Spanien, Lappland, Norwegen, Abessinien, Sibirien, Ungarn, schrieb darüber, veröffentlichte erst eine sechs-, dann eine zehnbändige Ausgabe von »Brehms Thierleben«, hielt Vorträge, die letzten in den USA. Malariageschwächt kehrte er im Juli 1884 in sein Geburtshaus zurück und starb dort im selben Jahr.

Die Gräber von Vater und Sohn kann man auf dem Friedhof an der Kirche besuchen. Das Gedenkmuseum hält die Erinnerung an die beiden Brehms wach.

Adresse Dorfstraße 22, 07646 Renthendorf | **Anfahrt** A9, Abfahrt Lederhose, über Schwarzbach, Heiligenaue nach Renthendorf oder über Abfahrt Hermsdorf-Süd nach Renthendorf | **Öffnungszeiten** Di–Do 13–16 Uhr, Fr–So 11–16 Uhr | **Tipp** Zwei gut ausgeschilderte Rundwanderwege gibt es: Man kann Flora und Fauna auf den Spuren der Brehms erkunden.

72 Schubkarren voller Bücher
Das Dorfmuseum Rothenacker – Haus des gelehrten Bauern

Eine beinahe unglaubliche Geschichte: Nicolaus Schmidt, genannt Schmidt-Küntzel, wurde 1606 als Sohn eines Bauern geboren. Damit war sein Lebensweg vorprogrammiert, lesen und schreiben zu lernen gehörte nicht dazu. Als er 16 Jahre alt war, stellte der Vater einen Knecht ein, der diese Kunst ansatzweise beherrschte. Mit dessen ABC-Buch lernte Nicolaus sehr schnell das Lesen, danach lateinische Sprache und Schrift. Er bekam einen Katechismus geschenkt, anhand dessen er sich auch Griechisch und Hebräisch selbst beibrachte. Es folgten: Chaldäisch, Syrisch, Arabisch, Äthiopisch, Abessinisch, Indisch, Armenisch, Ägyptisch, Persisch und Türkisch. Auf Messen besorgte er sich Bücher, Adlige ließen ihn in ihre Bibliothek. So erarbeitete er sich Kenntnisse in Geografie, Astrologie, Astronomie, Wetterkunde, Musik, Kräuter- und Arzneikunde, Jura.

Nebenher schrieb er Verse. Wirklich nur nebenher, tagsüber war er Bauer. Gelehrte und Adlige luden ihn ein, um sein Wissen zu testen. Die Angebote, sich am Weimarer oder Dresdener Hof ungestört seinen Studien zu widmen, schlug er aus, stattdessen kehrte er mit einer Holzkarre voller Bücher zurück an den väterlichen Hof, den er nach dessen Tod übernahm. Um seine Familie mit neun Kindern zu ernähren und um seine im Dreißigjährigen Krieg zerstörte Bibliothek zu ersetzen, verfasste er ab 1653 Kalender mit Ratschlägen für den Alltag. Darin wehrte er sich auch gegen den Verdacht, mit dem Teufel im Bunde zu stehen, seine Gelehrsamkeit hatte ihm den Ruf eines Zauberers eingebracht.

Nicolaus Schmidt wurde der berühmteste Einwohner Rothenackers. Sein Andenken wird bewahrt, sein Geburts- und Wohnhaus zeigt als Museum Exponate zu seinem Leben und Wirken. Im benachbarten Mißlareuth wurde er 1671 begraben. Schmidt hatte verkündet: Solange man sein Grab pflege, werde in Rothenacker nie mehr ein Haus abbrennen. Und so ist es bis heute geblieben.

Adresse 07922 Rothenacker (Tanna) | **Anfahrt** A9, Abfahrt Bad Lobenstein, auf B90 bis Gefell, dann kurz nach Sachsen (Mißlareuth), von dort wieder nach Thüringen: Rothenacker, dort direkt an der Bushaltestelle und am Feuerwehrhaus | **Öffnungszeiten** Besichtigungstermin über Tel. 036646/22697 vereinbaren | **Tipp** Eine Viertelstunde entfernt liegt Hirschberg, wo die alte Lederfabrik (Architektur-Kleinod), Saalgasse 2, heute ein modernes Museum für Gerberei- und Stadtgeschichte ist.

73 — Gigantisch kleine Welten
»Rococo en miniature« im Residenzschloss Heidecksburg

Ein Lob der Langeweile! Diese erstaunliche und amüsante Ausstellung gäbe es nicht, hätten sich nicht einst zwei Jungen in der Berufsschule schrecklich gelangweilt. Unterm Tisch bekriegten sie sich mit Halmasteinen, die sie als Soldaten bemalten. Das war die Halma-Steinzeit und erst der Anfang einer Leidenschaft, die Gerhard Bätz und Manfred Kiedorf durchs Leben begleitete.

Großer Phantasiereichtum ließ sie zwei Phantasie-Reiche schaffen: Dyonien und Pelarien, die Schlösser der gepriesenen Insel. Zunächst führten die Reiche Kriege gegeneinander, später versuchten sie, sich beim Prunken zu überbieten. Aus Draht, Papier, Gips, Klebstofffäden, Tapetenkleister und Farbe formten Bätz und Kiedorf ihre Welten mit Hunderten von Figuren, drei bis vier Zentimeter groß, aber mit ausgeprägter Physiognomie, prächtigen Kleidern und abgespreiztem kleinen Finger. Sie gaben den Figuren witzige Namen, eine Biografie, eine Sprache – Pezanisch – und eine eigene Religion: Die Figuren schauen zu ihren Schöpfern auf, zu Gott G und Gott M. Es gibt eine eigene Dichtung, Bibliotheken, Porzellansammlungen, kostbare Särge im Mausoleum – alles im Maßstab 1:50. Allein die Bildergalerie im Schloss Eulenlust wäre einen Besuch wert: eine Vielzahl kleinster Gemälde in kunstvoll verschnörkelten Goldrahmen. Oder die Puppenstube der Prinzessin Talophé – hier ist alles noch winziger, und doch ist auch das ein Schloss mit reichem Innenleben geworden. Die Überfülle an Szenerien und Details, die Figuren und ihre frivolen Beschäftigungen, die Deckengemälde, Marmorsäulen und Kronleuchter in den Sälen lassen den Besucher staunen.

Eine Auswahl aus rund 2.500 Briefen veranschaulicht, wie Bätz und Kiedorf ihre glanzvollen Reiche entwarfen und gedanklich darin lebten. Selbst auf den Briefumschlägen blitzen der Schalk und die Verspieltheit der beiden Weltenschöpfer auf. Schon eine Briefmarke genügte, ihre Spottlust zu wecken.

Adresse Schloss Heidecksburg, Schlossbezirk 1, 07407 Rudolstadt | **Anfahrt** A71, Abfahrt Arnstadt-Süd, dann über Stadtilm auf der L1048 Richtung Rudolstadt-Zentrum, links in die Schlossstraße, bis zur Heidecksburg | **Öffnungszeiten** April–Okt. Di–So 10–18 Uhr; Nov.–März Di–So 10–17 Uhr, Mo an Feiertagen geöffnet | **Tipp** Ein Rundgang durch die Säle und Sammlungen von Schloss Heidecksburg, einem der Lieblingsschlösser von Kiedorf und Bätz, aber in Originalgröße.

74_Flotter Dreier
Das Schillerhaus

Das Schillerhaus ist eigentlich gar nicht Schillers Haus gewesen, sondern das der Familie von Lengefeld. Aber man weiß ja vielleicht, dass der berühmte Friedrich in diesem Haus versucht hat, extrem zu schillern. Balzgehabe nennt man das. Friedrich hatte sozusagen je ein Auge auf die Schwestern Caroline und Charlotte geworfen, obwohl Erstere schon an einen Herrn von Beulwitz vergeben war. Aber so ein bisschen Zuneigung in Ehren, wer will das verwehren. Es wird erzählt, Schiller und die Schwestern hätten in kichernder Vorfreude auf Papier gekritzelt, wie die drei Betten im zukünftigen Schlafgemach zueinander stehen müssten. Haben sie aber in Wirklichkeit nicht.

Rudolstadt preist sich als Stadt der Erstbegegnung Schillers mit seiner späteren Ehefrau Charlotte. Ja, so richtig los ging es hier. Aber gesehen hatten sie sich schon einmal, als Lengefelds auf der Durchreise in Mannheim bei einem aufstrebenden Theaterdichter eine kurze, etwas kommunikationsgehemmte Audienz hatten. Egal, das Haus in Rudolstadt ist ein Schiller'scher Glücksort und ein sehr angenehmes Museum. Man kann sich auf eine freundliche Art dem großen Dichter nähern. Privat. Fast auf Augenhöhe. Ein Ort, an dem Schiller endlich das fand, wonach er sich schon lange gesehnt hatte: eine Familie. Charlotte schrieb: »… mein Stübchen erwartet Sie, und mein Schreibtisch, es ist mir lieb daß Sie auch in meinen eigenthum einmal leben …« Etwas unbeholfen in Orthografie und Grammatik, aber von zarter Nachdrücklichkeit. Und für den ewig klammen Dichter Verheißung vom Ende der Geldnot.

Verweile doch, man ist ein gern gesehener Gast im Restaurant. Wie soll das Essen sein? Schwäbisch, Thüringisch? Im überdachten Innenhof ist auch genug Platz für kleine Theateraufführungen, Lesungen, Konzerte. »Es ist eine herrliche Gegend und im Beulwitzischen und Lengefeldischen Haus habe ich mich überaus wohl.« Warum soll man dem Friedrich widersprechen?

Adresse Schillerstraße 25, 07407 Rudolstadt | Anfahrt A71, Abfahrt Arnstadt-Süd, dann über Stadtilm auf der L1048 Richtung Rudolstadt-Zentrum, links in die Schlossstraße, rechts in die Weinbergstraße bis Schillerstraße | Öffnungszeiten April–Okt. Di–So 10–18 Uhr; Nov.–März Di–So 10–17 Uhr | Tipp Das »Rudolstädter Vogelschießen« im August, 1722 erstmals gefeiert, ist das größte Volksfest Thüringens. Schiller war es zu laut. Wer's mag, gehe hin.

75 Nicht nur Pfeifen
Das Orts- und Tabakpfeifenmuseum

Im Kabarett wird der zugespitzte Rundumschlag, alle Politiker seien Pfeifen, gern laut beklatscht. Die Wahrheit liegt meist knapp daneben, denn Politiker können auch »Pfeifen-*Raucher* des Jahres« sein. Die Tabak-Lobby zeichnet aus, was manchen geniert. Bundespräsident Lammert verbat sich zu seinem Auszeichnungsakt 2013 jegliche Kamera. Aber all diese Pfeifen in den Händen der Politiker und Promis, die den Preis empfangen haben, sind nur weitere Exemplare in einer langen Reihe von handwerklichen Kunstwerken. Einige der schönsten historischen Exemplare kann man in Ruhla bewundern.

Das Museum »Tabakpfeifenmuseum« zu nennen war ein kluger Schachzug, denn das hier ist zwar eine hoch professionell gestaltete Ausstellung zur Stadtgeschichte, doch bringt ein Stadtmuseum kaum neugieriges Publikum in das Tal zwischen Breitenberg, Gerberstein und Todter Mann (582,2 Meter ü. NN). Aber die Pfeifen locken.

Man übertreibt nicht, wenn man sagt, dass in dem kleinen Thüringer Ruhla Produkte von Weltbedeutung entstanden. Das feststellbare Klappmesser wurde hier erfunden, der künstliche Meerschaum für Pfeifenköpfe, die Lüsterklemme aus Bakelit; und die erste maschinell gefertigte Taschenuhr kam von hier. Vom Messer zum Zeitmesser sozusagen. Alles ist im Museum sehr ansehnlich aufbereitet. Auch einen Komponisten kann man aufbieten: Friedrich Lux, dem die alljährlichen Lux-Festspiele gewidmet sind. Und nur (ehemals) deutschsprachige Ausländer wundern sich über den Begriff »Polytechnischer Unterricht«. – Ein Ruhlaer Beitrag zur Entwicklung allseitig gebildeter Persönlichkeiten.

Die Wichtigkeit der Tabakpfeifenproduktion sollen ein paar Zahlen offenbaren: 1851 exportierten die Ruhlaer neben 15 Millionen kompletten Rauchutensilien noch weitere Millionen Teile wie Pfeifenköpfe. Wert fast zwei Millionen Taler, umgerechnet knapp 60 Millionen Euro. In nur einem Jahr.

Adresse Obere Lindenstraße 29/31, 99842 Ruhla | **Anfahrt** A4, Abfahrt Waltershausen, auf B88 Richtung Tabarz, hinter Langenhain rechts nach Schwarzhausen, dann über Seebach, Thal nach Ruhla | **Öffnungszeiten** März–Nov. Di und Do 14–17 Uhr, Mi und Fr 10–13 Uhr, Sa und So 13–17 Uhr (für Gruppen auch außerhalb der Öffnungszeiten, Anmeldung 036929/890-13/-14) | **Tipp** In der letzten original eingerichteten und voll funktionstüchtigen Pfeifenmacherei Deutschlands (Waltershäuser Straße 22, 99891 Tabarz) kann man zuschauen, wie eine Pfeife entsteht, Anmeldung unter Tel. 036259/62405.

76 Tick-Tack-Tick-Tack
Das Uhrenmuseum

Ruhlaer Uhren gehen nach wie vor. Das war mal ein Werbeslogan, als die Menschheit noch Ironie verstand. Ruhlaer Uhren waren ein Exportschlager allererster Qualität. Das wirkt heute noch nach. Gleich neben dem Museum wird produziert.

Im Eingang des Uhrenmuseums hängt eine recht große Uhr, auf deren Zifferblatt der sagenhafte Schmied von Ruhla dem Thüringer Landgrafen einhämmert: »Landgraf, werde hart!« Es ging da um Härte gegen böse, das Volk triezende Ritter und um Gerechtigkeit den Untertanen gegenüber. Es soll gewirkt haben. Nun ja, ist eben eine Sage ... Keine Sage, sondern eine handfeste Tatsache ist, dass solche Uhren mit Figurenautomat unter dem Namen »Fearless« (Furchtlos) ab 1891 ein internationaler Verkaufsschlager wurden. Dank niedriger Löhne und Serienproduktion konnte dieser Zeitmesser preiswert verkauft werden. Und Ruhla war plötzlich ein internationaler Standort der Uhrenherstellung. Die meisten Exemplare gingen von hier in den Export. Die Verkaufszahlen stiegen übrigens in den 20er Jahren vor allem durch die sich emanzipierenden Frauen, die – im Gegensatz zu den altväterlichen Taschenuhrträgern männlichen Geschlechts – die modernen Thiel-Armbanduhren kauften. Zeit ist Geld, und Zeitmesser-Herstellung war eine Gelddruckmaschine, denn die Produktion wurde immer mehr automatisiert.

Das Museum zeigt diese Entwicklung anhand seiner Uhrenfundgrube. Und es macht eigentlich viel zu wenig daraus. Immerhin liegen hier unter den 1.300 ticktackenden Wunderwerken der Feinmechanik zum Beispiel Uhren und Geräte, die mit dem ersten deutschen Kosmonauten Sigmund Jähn ins Weltall flogen. Und freilich auch Uhren mit extra Zifferblattaufdruck für die Bauarbeiter, die den »Palast der Republik« in Berlin hochzogen, und Uhren, die Parteitagsdelegierte der allein selig machenden ehemaligen Führungspartei verliehen bekamen. Ist ja ein Uhrengeschichtsmuseum.

Adresse Bahnhofstraße 27, 99842 Ruhla | **Anfahrt** A4, Abfahrt Waltershausen, auf B88 Richtung Tabarz, hinter Langenhain rechts nach Schwarzhausen, dann über Seebach, Thal nach Ruhla | **Öffnungszeiten** Mo–Do 10–16.30 Uhr, Fr 10–15 Uhr, Sa 10–14 Uhr | **Tipp** Wandern Sie rund um Ruhla mit Stationen wie Dichterhain, Stolldenkmal, Tempelchen und Thaler Glockenhäuschen.

77 Interaktive Tropfsteine
Das Erlebnismuseum Grottoneum

Nur ein paar Meter vom Museum entfernt und zugleich im Guinnessbuch der Rekorde befinden sich die Feengrotten, die farbenreichsten Schaugrotten der Welt. Wie diese unterirdische Wunderwelt entstand und welche Mineralien solche Farbenpracht hervorbringen, erfährt man im Grottoneum. Das Museum ist einem Bergwerk nachgestaltet, mit Felswänden und Durchbrüchen. Gleich am Eingang kann man in eine Höhle kriechen und sich von einem sprechenden Stein erzählen lassen, wie im Mittelalter Alaunschiefer abgebaut wurde. Aus dem schwarzen Gestein weiße Alaunkristalle zu gewinnen war mühselig, aber dieses Mineral war sehr gefragt: in Apotheken und Gerbereien, bei der Papierherstellung und zum Färben von Stoffen. Die Päpste erkannten den Wert des Alauns und erhoben flugs das Monopol darauf.

Als es gelang, Alaun auf chemischem Weg herzustellen, verlor der Alaunschiefer-Abbau seine Bedeutung, die Förderung wurde eingestellt, die Erinnerung an das ehemalige Bergwerk ging verloren. Die zufällige Wiederentdeckung vor 100 Jahren bei der Suche nach heilkräftigen Quellen war eine Sensation. Es wurde nicht nur Heilwasser gefunden, sondern auch eine einzigartige Märchenlandschaft. Das Heilwasser wurde im eigens dafür gebauten Quellenhaus erforscht, aufbereitet und abgefüllt.

Inzwischen sind die Heilquellen versiegt. Ein Teil des Quellenhauses fand 2011 seine neue Bestimmung als Museum, in dem man Tropfsteine wachsen lassen kann oder begreift, wie anstrengend und gefährlich die Arbeit unter Tage war. Bergleute nahmen kleine Tiere mit, wurden diese auffällig ruhig, war es höchste Zeit, für frische Luft zu sorgen. Bodenschätze sind hier nicht in Vitrinen ausgestellt, sondern müssen erst aus dem Dunkel einer nachgestalteten Bergwand ans Licht befördert werden. So wird spielerisch und sinnfällig Wissen vermittelt. Die besonders Wissensdurstigen können gern einen Becher Gralsquellwasser probieren.

Adresse Feengrottenweg 2, 07318 Saalfeld | **Anfahrt** A71, Abfahrt Arnstadt-Süd, dann über Stadtilm nach Rudolstadt, am Ortseingang rechts auf der B85 nach Saalfeld, dort der Beschilderung folgen | **Öffnungszeiten** Mai–Okt. täglich 10–17 Uhr, Nov.–April 11–15.30 Uhr (letzter Einlass) | **Tipp** Neben dem Besuch der Feengrotten auch noch den Besuch des Abenteuerwaldes »Feenweltchen« einplanen.

SCHLEUSINGEN

78 Zeiten, Spuren, Zeichen
Das Naturhistorische Museum Schloss Bertholdsburg

Graf Poppo VII. von Henneberg (wie alle Poppos mit drei P!) ließ vor 800 Jahren eine Burg bauen, die nach dem späteren Hausherrn Berthold VII. benannt wurde. Wer sie heute besucht, sollte viel Zeit mitbringen. Jeder einzelne Raum ist eine Schatzkammer, eine Fundgrube für Entdeckungen. Zum Beispiel für eine Reise über 300 Millionen Jahre zurück in urgeschichtliche Landschaften, also in Zeiten, als Thüringen noch nicht von Grafen und Fürsten beherrscht wurde, sondern von Dinosauriern, Urelefanten, Schmelzschupperfischen, Süßwasserhaien und 2,50 Meter langen Tausendfüßlern. Diese Ureinwohner haben Spuren, Abdrücke, Zähne oder Skelette hinterlassen. Einige wurden nachgebildet, fast zum Fürchten lebensecht. Einmalig in Europa sind die Skelette eines krokodilähnlichen Sauriers und von drei »weißen Haien«.

Kann aber sein, dass man schon in den ersten Räumen von all den schillernden, farbenprächtigen Edelsteinen und Mineralien so sehr in den Bann gezogen wird, dass man darüber die Zeit vergisst. Da gibt es den Roten Glaskopf, der aussieht wie Schokolade mit ganzen Nüssen. Amethyste in Menschengröße. Riesige Achate. Lapislazuli. Augensteine. Puddingsteine. Und die Prachtstücke der Sammlung: Schneekopfkugeln – eine Art Überraschungsei, außen eher unscheinbarer Porphyr, innen eine Mineralien-Zauberwelt.

Nicht nur Handtiere und Schlammteufel-Saurier hinterließen Spuren, sondern auch die später hier lebenden Menschen. Beispielsweise in kostbaren Büchern, die sicherheitshalber angekettet wurden. Eine Sammlung von Feierabendziegeln (auch Glücks- oder Schutzziegel genannt) erzählt ebenfalls vom Lauf der Zeit. Sie wurden mit Jahreszahl und Inschrift versehen, gern auch mit einer witzigen Zeichnung: Mann mit Pferdefüßen, Pfeife und Cello.

Überall Zeichen, überall Spuren. Wer sie liest, erfährt viel über Pflanzen, Tiere und Menschen, die früher diesen Landstrich bevölkerten.

Adresse Burgstraße 6, 98553 Schleusingen | **Anfahrt** A73, Abfahrt Schleusingen, in Burgnähe (sie ist nicht zu übersehen) Parkplatz suchen, Restweg zu Fuß | **Öffnungszeiten** Di–Fr 9–17 Uhr, Sa, So und Feiertage 10–18 Uhr, letzter Einlass eine Stunde vor Schließung, Weihnachten und zum Jahreswechsel gesonderte Zeiten | **Tipp** Das Vessertal ist ein Biosphärenreservat der UNESCO in Thüringen – ein Paradies für Naturliebhaber und Wanderfreunde.

SCHLOTHEIM

79 Wenn alle Stricke reißen
Das Seilermuseum

Wenn alle Stricke reißen, braucht man neue. Die fertigt der Seiler an, auch Seilschläger genannt. Im Norddeutschen: Reepschläger. Dafür braucht er eine lange Spinnbahn, ein Haus von 50 bis 70 Meter Länge. In Norddeutschland: Reeperbahn. Wobei die allerdings noch länger war, um dort dicke Schiffstaue drehen zu können, was einigen Reepern durchaus einigen Wohlstand bescherte. Inland-Seilschläger dagegen schlugen sich mehr schlecht als recht durchs Leben, mit allem, was aus Hanf geflochten, gedreht, geknüpft werden konnte.

In Schlotheim war die Seilschlägerei über Jahrhunderte Tradition. Die lang gestreckten Fachwerkbauten prägten das Stadtbild, 1850 gab es über 50 Meister und viele Beschäftigte. Sie drehten nicht nur anderen Leuten einen Strick (links- oder rechtsdrehend), sondern auch Wäscheleinen, Sackbänder, Geburtshilfsstricke für Kälber, Peitschen. Sie knüpften Fischreusen, Ackernetze und Ohrenkappen für Pferde, Hängematten, Eiernetze, Vogelfangnetze und Sicherheitsnetze für den Bau der Golden Gate Bridge. Später kamen Treibriemen dazu, Basttaschen, Topfkratzer, Tarnnetze, Springseile, Tennisnetze, Tennisschläger, Kletterseile. Sponeta (Sportartikel-Netze-Taue) exportierte weltweit. Doch auch hier setzte die Wende dem Handwerk ein Ende.

Eine Seilerbahn, 1896 gebaut, 1957 auf das Sponeta-Betriebsgelände umgesetzt, wurde ein zweites Mal versetzt, gleich neben die alte Windmühle; allerdings nicht in voller Länge. Dafür ist sie randvoll mit Seilerei-Maschinen, die noch funktionieren und gern vorgeführt werden, mit der ganzen Palette von Artikeln, mit einer Fülle an Informationen.

So ändern sich die Zeiten: Früher kaufte man mit Netz ein, heute im Netz. Würde er noch leben, wäre diese sprachliche Nuance bestimmt ein Fallstrick für ihn geworden: Der berühmteste zerstreute Professor, Johann Georg August Galletti, war 1772 bis 1778 Hauslehrer in Schlotheim.

Adresse An der Mühle 5, 99994 Schlotheim | **Anfahrt** A38, Abfahrt Breitenworbis, über Hüpstedt, Keula und Obermehler nach Schlotheim, Obermehlersche Straße, links in die Neue Straße bis zur Mühle | **Öffnungszeiten** nach rechtzeitiger Vereinbarung über Tel. 036021/80566 | **Tipp** Zehn Fahrminuten entfernt findet man das Kloster Volkenroda, Amtshof 3, in Körner: ein Refugium mit Angeboten für Christen und Atheisten.

SCHMALKALDEN

80 — Große Geschichte in Klein
Das »Historicum Zinnfigurenmuseum«

Wanderer, kommst du nach Schmalkalden, dann schau in die »Leere Tasche« – welch wunderliche Adresse – und nimm Platz auf Antikgestühl oder Plastehocker. Daselbst blickst du in die Weltgeschichte, aufgefächert von der Stein- bis in die Neuzeit. Wer übrigens zu klein für die dritte Etage in den Glasvitrinen ist, stelle sich auf den Plastehocker, um die über 10.000 Zinnfiguren eingehend zu betrachten.

Lehrerinnen und Lehrer, schickt die Schüler auf Wanderschaft durch die Historie. Hannibal zieht mit seinen Elefanten in die Schlacht. Kleopatra lagert inmitten ihres Hofstaates. Kaiser Barbarossa auf dem Kreuzzug. Ritterturniere. Bauernkrieg. Luther predigt, Melanchthon lauscht – wird wohl so gewesen sein. Aber Müntzer mit gezücktem Schwert? Kaiser, König, Edelmann, Bürger, Bauer, Bettelmann. Namhafte und Namenlose. Akribisch bemalt. Vollplastisch, wie es in der Museumsankündigung steht, also fast durchweg mit runden Körpern und Köpfen. Ein altes Diorama mit den früher üblichen Flachfiguren steht auch da. Zinnfigurenwelttheater: Piraten am Haken. Marie Antoinette noch ungeteilt. Waterloo in Klein riesengroß. Überhaupt eine Menge Schlachtgetümmel bis in die kleinsten Details. Napoleon als Lieblingsfigur gleich mehrfach. Der Alte Fritz. Amerikanischer Bürgerkrieg. Indianer, Cowboys. Die Niederlage der arroganten Briten gegen die Zulus bei Isandhlwana. Hongkong um 1900. Erster Weltkrieg. Stauffenbergs Attentat. Nachkrieg in Ruinen. Und dann noch eine Vielzahl von einzelnen Persönlichkeiten ohne Häuser, Straßen, Landschaft drum herum: Chaplin als Super-Tramp, Elvis mit Schmalzlocke, Sir Hillary auf dem Mount Everest, Armstrong auf dem Mond. Der fast vergessene Orgelvirtuose, Bachkenner, Urwalddoktor und Pazifist Albert Schweitzer. Obama und Michelle, beide etwas hell …

Wochenlang könnte man in den Jahrtausenden weilen. Eingang übrigens durch den Eine-Welt-Laden. Wie symbolisch.

Adresse Gillersgasse 1 / Leere Tasche, 98574 Schmalkalden | **Anfahrt** A71, Abfahrt Zella-Mehlis-Nord, durch Zella-Mehlis, dann über Viernau, Springstille nach Schmalkalden, dort Beschilderung Tourist-Info folgen, Parkplatz suchen, ein paar Schritte laufen | **Öffnungszeiten** Mo, Di, Do, Fr 10–13 und 15–18 Uhr, Mi 10–18 Uhr, Sa 10–12 Uhr | **Tipp** Ein Stadtspaziergang lohnt: 90 Prozent der spätmittelalterlichen Fachwerkhäuser sind erhalten geblieben.

SCHMALKALDEN

81 Hessen in Thüringen
Das Museum Schloss Wilhelmsburg

Vor einigen Jahren ging Schmalkalden durch die Medien. Wegen eines Loches. Im Stadtgebiet tat sich ein Krater auf, fast 40 Meter im Durchmesser, 20 tief. Ein Naturereignis. Nach der Wende wäre es fast zum vollständigen Verschwinden Schmalkaldens von der Thüringer Landkarte gekommen. Schließlich waren Stadt und etwas Umland fast 600 Jahre eine hessische Exklave. Aber diese Wiedervereinigung fand nicht statt.

Stadt- und auch ein wenig Weltgeschichte werden im Museum in der Wilhelmsburg erzählt. Von »villa Smalcalta«, dem Ort, der 874 erstmals erwähnt wurde. 1203 zerstört, ein Opfer des Kampfes um den Königsthron zwischen dem Staufer Philipp von Schwaben und dem Welfen Otto IV. Kein halbes Jahrhundert später war der Ort wieder aufgebaut und nun urkundlich beglaubigt eine Stadt. Allerdings ab 1360 eine geteilte Stadt, ein sogenanntes Kondominium, eine gemeinschaftlich ausgeübte hessisch-hennebergische Herrschaft, wobei sich das Gemeinschaftliche in gegenseitigen Gemeinheiten erschöpfte.

1655, im Jahr des Augsburger Religionsfriedens zwischen Lutheranern und Papsttreuen, zeichnete der berühmte Matthäus Merian der Ältere Schmalkalden für seine nicht minder berühmte »Topographia Germaniae«. Da war das weltgeschichtliche Kapitel mit Luther und Reformation, mit dem Schmalkaldischen Bund der protestantischen Reichsstände und dem Schmalkaldischen Krieg schon Vergangenheit. Und nachdem die Henneberger im Mannesstamm erstorben waren, fiel Schmalkalden ganz an den hessischen Landgrafen Wilhelm IV. Der ließ zwischen 1585 und 1590 das Schloss Wilhelmsburg bauen, heute ein ziemlich einzigartiges deutsches Renaissanceschloss mit prächtigen Wand- und Deckenmalereien, repräsentativen Festsälen und einer protestantischen Schlosskapelle mit Holzpfeifen-Orgel. Und im Keller kann man mit König Artus und Ritter Iwein reiten. Ein Traum. Große Sonderausstellungen inklusive.

Adresse Schlossberg 9, 98574 Schmalkalden | **Anfahrt** A71, Abfahrt Zella-Mehlis-Nord, durch Zella-Mehlis, dann über Viernau, Springstille nach Schmalkalden, Ausschilderung zum Schloss folgen, parken in Schlossnähe | **Öffnungszeiten** April–Okt. täglich 10–18 Uhr; Nov.–März Di–So 10–16 Uhr | **Tipp** Einen Besuch der »Neuen Hütte«, Technisches Museum in Schmalkalden, Neue Hütte 1, mit Schauvorführungen nicht verpassen.

SCHMÖLLN

82 Pfiffige K(n)öpfe
Das Knopf- und Regionalmuseum

Einer hat angefangen: Hermann Donath. Hat 1863 in Schmölln sein Gewerbe als Knopfmacher angemeldet und Perlmuttknöpfe gedrechselt. Aber sie waren sehr empfindlich, diese edel schimmernden Muschelknöpfe, bekamen schnell Risse, begannen zu splittern. Auf der Suche nach anderen Rohstoffen stieß Donath auf die Steinnuss. Die kam eigentlich nur als Schiffsballast von Südamerika nach Deutschland, damit die frachtlosen Schiffe einigermaßen stabil über den Atlantik schippern konnten. Diese Nüsse, etwa so groß wie Hühnereier, außen braun und innen weiß marmoriert, werden auch als pflanzliches Elfenbein bezeichnet. Nach dem Austrocknen in Scheiben geschnitten, in Form gedreht, mit Löchern versehen – so entstanden Knöpfe, die unverwüstlich waren und unentbehrlich wurden für Damen- und Herrenbekleidung, zumal sie beliebig eingefärbt werden konnten.

Donath hat angefangen, andere machten es ihm nach. Um 1900 gab es in Schmölln 29 Knopffabriken (heute zwei). Knöpfe aus Schmölln hielten in aller Welt die Hosen auf den Hüften und die Mäntel fest verschlossen. In den Museumsvitrinen sind Musterkarten mit Knöpfen zu bewundern, auch aus Perlmutt, Hirschhorn und Polyester. Schon an der Kasse kann sich jeder Knopfliebhaber im Paradies wähnen: Eine Schachtel mit Knöpfen verleitet dazu, die Hände einzutauchen und zu wühlen. Auch in der Ausstellung steht eine randvolle Kiste. Unbeaufsichtigt! Aber die eigentlichen Schätze sind sicher hinter Glas verwahrt. Leider. Zum Glück.

Im Museum hängt ein besonderes Porträt von Donath: ein Kopf nur aus Knöpfen. Wer will, kann sich seinen Kopf zerbrechen über die noch immer ungeklärte Frage, warum Männer die Knöpfe auf der rechten Seite der Kleidung haben, Frauen dagegen auf der linken. Und allen, die über solch kniffliger Frage zu verzweifeln drohen, hilft Ringelnatz: »Humor ist der Knopf, der verhindert, dass einem der Kragen platzt.«

Adresse Sprottenanger 2/Ronneburger Straße 90, 04626 Schmölln | **Anfahrt** A4, Abfahrt Ronneburg, Richtung Schmölln, Hauptstraße fahren bis zum Museum | **Öffnungszeiten** Fr und So 13–16 Uhr, Sa 13–18 Uhr oder nach Vereinbarung über Tel. 034491/760 oder 76121 | **Tipp** Ein Abstecher nach Burg Posterstein, ein Museum mit vielen Ausstellungen und Veranstaltungen, lohnt sich.

83 Ameisen und Krebse
Das Museum der Salzmannschule

»Natur! Schule! Leben! Ist Freundschaft unter diesen dreien, so wird der Mensch, was er werden soll: fröhlich in der Kindheit, munter und wißbegierig in der Jugend, zufrieden und nützlich als Mann«, schrieb Johann Bernhard Basedow 1774. Er war der Begründer einer Schule der Menschenfreundschaft, der philanthropischen Pädagogik in Dessau. Weg mit dem Schulstaub vergangener Jahrhunderte, die Hirne atmen lassen, selbstständiges Denken lehren. Körperliche Züchtigung war untersagt. Ein allgemeiner Religionsunterricht sollte religiöse Toleranz fördern, eine einheitliche Schulkleidung die Unterschiede zwischen Arm und Reich verwischen. Für das Leben, nicht für die Schule wurde gelernt. Einschließlich geschlechtlicher Aufklärung und patriotischer Erziehung.

Mit 2.500 Reichstalern, einer Schenkung des Gothaer Herzogs, gründete der Basedow-Mitstreiter Christian Gotthilf Salzmann 1784 die Schnepfenthaler Schule und führte sie bis zu seinem Tod 1811 nach philanthropischen Prinzipien. Man muss nur zwei Salzmann'sche Buchtitel lesen, um sich in den Lehrer und Erzieher hineinzudenken: »Ameisenbüchlein, oder Anweisung zu einer vernünftigen Erziehung der Erzieher« und »Krebsbüchlein, oder Anweisung zu einer unvernünftigen Erziehung der Kinder«. Und auch wenn der römische Satiriker Juvenal seinen meist unvollständig zitierten Spruch vom gesunden Geist, der in gesundem Körper wohnt, ironisch gemeint hatte, hier nahm man es ernst damit.

Im hervorragend gestalteten Museum kann man die Entwicklung der Schule verfolgen. Neben Leben und Werk Salzmanns und GutsMuths wird auch einigen Schulabsolventen, zum Beispiel dem Geografen Carl Ritter und der mehrfach preisgekrönten Schriftstellerin Kathrin Schmidt, Platz eingeräumt.

Zum Museum gehört der von Salzmann erbaute und von GutsMuths seit 1785 benutzte Turnplatz, der als erster deutscher Turn- und Gymnastikplatz unter Denkmalschutz steht.

Adresse Klostermühlenweg 2–8, 99880 Schnepfenthal (Waltershausen) | **Anfahrt** A4, Abfahrt Gotha-Boxberg, über Wahlwinkel nach Schnepfenthal, dort nach rechts in die Salzmannstraße, nächste links | **Öffnungszeiten** nur nach Anmeldung (Tel. 0173 / 2665431) | **Tipp** Salzmanns Grab befindet sich etwa in der Mitte des Waldfriedhofes (Naturschutzgebiet Hardt) neben seiner Frau Sophie. In der Reihe darüber ruhen GutsMuths und dessen Ehefrau.

84 Aus Bergen und Backöfen
Das Hörselbergmuseum

Berge sind außen hoch und innen voller Geheimnisse: seltsame Tiere, bizarre Höhlen, unterirdische Flüsse, uralte Mythen und Sagen. So auch die Hörselberge in der Nähe von Eisenach. Sie galten bereits in vor- und frühgeschichtlicher Zeit als Wohnsitz der Götter. Im Inneren des Muschelkalk-Berges soll das Wilde Heer hausen und in stürmischen Winternächten zur Jagd durch die Lüfte aufbrechen. Frau Holle ist mit dabei, sie schaut aus, ob alle Mädchen fleißig spinnen, um die Faulen zu bestrafen. Der Getreue Eckart warnt vor Gefahren. Das schreckliche Gelächter von Teufeln und Hexen soll zuweilen aus dem Berg zu hören sein, ebenso das jämmerliche Geschrei der armen Seelen, die im Fegefeuer schmoren. Ein Hörseelenberg. Im späten Mittelalter wurde aus Frau Holda (Hulda, Holde) die holde Liebesgöttin Venus, die im Venusberg Hof hält.

Ludwig Bechstein sammelte Thüringer Märchen und Sagen und veröffentlichte 1838 sein Buch »Sagenkreis der Hörselberge«. Diese Sammlung regte sechs Jahre später Richard Wagner zu seiner Oper »Tannhäuser oder der Sängerkrieg auf der Wartburg« an.

Im Dorf Schönau im Hörseltal steht ein denkmalgeschütztes Gebäudeensemble: Kirche, Schule, Pfarrhaus, Stall, Scheune, Back- und Waschhaus. Der ehemalige Stall wurde Museum und zeigt fossile Funde, Pflanzen und Tiere der Hörselberge, erzählt über die Höhlen, erinnert an die Sagengestalten. Die Scheune nebenan ist dem Thüringer Backhandwerk gewidmet. Im Backhaus wird zu Dorffesten traditionell gebacken. Zwar warten dort nicht Frau Holles Brote darauf, vorm Verbrennen gerettet zu werden, dafür aber köstliche Thüringer Blechkuchen.

Und wenn Frau Holle die weißen Flocken wirbeln lässt, überwintern in der Venushöhle und in der Tannhäuserhöhle Fledermäuse. Eine von ihnen ist die Bechstein-Fledermaus, benannt nach dem Naturforscher Johann Matthäus Bechstein, Ludwigs Onkel und Adoptivvater.

Adresse Hörseltalstraße 39, 99848 Schönau (Wutha-Farnroda) | **Anfahrt** A4, Abfahrt Sättelstedt, weiter Richtung Wutha-Farnroda, vorher kommt der Ortsteil Schönau | **Öffnungszeiten** Mai–Okt. Do und So 14–18 Uhr, sonst nach Voranmeldung über Tel. 036921 / 279721 | **Tipp** Machen Sie eine Wanderung in die Hörselberge zu Venus- und Fledermaushöhlen.

85 Ein Schloss für Vögel
Die Staatliche Vogelschutzwarte Seebach

Das Wasserschloss Seebach ist in erster Linie eine Einrichtung zum Schutz verletzter Vögel sowie zur Forschung und Beratung. Wenn Kraniche im Nebel gegen Häuser und Bäume prallen und sich dabei verletzen, kommen sie in tierärztliche Behandlung und anschließend nach Seebach, wo sie gepflegt und wieder ausgewildert werden. Beim Besuch des Hauses betritt man ein Museum, das in etlichen Räumen – bis in den Keller hinab und auf den Dachboden hinauf – an das Wirken des Vogelkundlers Berlepsch erinnert.

Hans von Berlepsch, der als Burghauptmann der Wartburg 1521 Martin Luther während seines dortigen Aufenthaltes bewachte und betreute, kaufte einst das Schloss Seebach, das über 400 Jahre in Familienbesitz blieb. 1857 wurde hier Sittich Hans Freiherr von Berlepsch geboren. Ja, wirklich: Sittich. Viele Berlepsche trugen diesen Namen, und das hat, so erzählt es die Sage, folgenden Grund: Kaiser Barbarossa sah einen Ritter von Berlepsch mit gezähmten Halsbandsittichen spielen, rügte ihn für das nicht rittergemäße Spiel und befahl, fortan diese Vögel im Wappen zu tragen. So flatterten fünf Sittiche ins Wappen der Berlepsche. Sittich Hans interessierte sich schon als Kind für die Vogelwelt. Als junger Mann, von seinen Weltreisen zurückgekehrt, gestaltete er den Obstgarten in einen Vogelschutzpark um und fügte zahlreiche Nistmöglichkeiten ins Schlossgemäuer ein. Er entwickelte Nistkästen, Vogelhäuschen, Futterglocken, schrieb ein Buch über den Vogelschutz und wurde mit der Ehrendoktorwürde geehrt. Sein Wohnsitz wurde die älteste Vogelschutzwarte Deutschlands. Hier kann man lebende Vögel (im Park) und ausgestopfte Exemplare in großer Zahl betrachten. Videoübertragungen zeigen die am Haus brütenden Turmfalken, Schleiereulen und Mauersegler.

Das schlichte Grab des Vogelschutz-Nestors auf dem Seebacher Friedhof ist leicht zu erkennen: an einer im Boden eingelassenen Vogeltränke.

Adresse Lindenhof 3, 99998 Seebach (Weinbergen) | **Anfahrt** A4, Abfahrt Eisenach-Ost, B84 Richtung Bad Langensalza, auf der Ortsumfahrung auf B247 wechseln, hinter Großengottern links abbiegen (gut ausgeschildert) | **Öffnungszeiten** Mo–Do 8–15.30 Uhr, Fr 8–12 Uhr; Mai–Okt. Gästeführungen auch Sa, So und an Feiertagen 14 Uhr | **Tipp** Nicht weit ist es nach Kammerforst, einem »Tor« zum Hainich, dem größten unzerschnittenen Laubwald Deutschlands. Das dortige Museum in der Straße der Einheit 29 zeigt »Wald im Wandel«.

SEITENRODA

86 — Scherben bringen Glück
Die Porzellanwelten Leuchtenburg

Welch ein Glück! Dieses Museum ist keine Ansammlung von Vitrinen in endlosen Reihen, in denen alte Kannen und verschnörkelter Nippes vor sich hin dämmern. Hier wird die Geschichte des Porzellans modern, unterhaltsam, informativ und für alle Sinne dargeboten, für Kinder und Erwachsene gleichermaßen.

Start des Rundgangs ist ein schwarzer Raum. Man taucht gleichsam ein ins Dunkel der Vergangenheit, ein Schattenspiel erzählt von der Erfindung des chinesischen Porzellans. Lang und beschwerlich war der Weg des »Weißen Goldes« nach Europa, vier Jahre war eine Karawane auf der Seidenstraße unterwegs. Der Seeweg war kürzer, aber nur etwa die Hälfte der portugiesischen Schiffe kam im Heimathafen an. So sank 1558 auch die »Espadarte« mit Ming-Porzellan und zwölf Kilogramm Gold. Jahrhunderte später wurde der Schatz gehoben, Teile davon sind hier zu sehen. Höchst amüsant ist die Gestaltung einer »Wunderkammer«. Im Alchemisten-Labor kann man ausprobieren, ob die richtige Porzellan-Mischung gelingt. Gleich nebenan wird mit einem Blasebalg das Feuer im Ofen angefacht. Falls es jedoch zu heiß wird, wandern die Scherben weiter in die »Kammer des Scheiterns«, eine Kuriositätensammlung besonderer Art. Hier sind misslungene Porzellanstücke ausgestellt: Metalleinschlüsse, zu dick aufgetragene Glasuren, Figuren, die in der Hitze des Brennofens in Ohnmacht sanken.

Die fürstliche Tafel, von Geisterhand mit immer neuem Geschirr und Essen eingedeckt, sollte man lieber nicht mit hungrigem Magen aufsuchen. Zu einladend sehen all die Köstlichkeiten aus. Nebenbei erfährt man von schauerlichen Schaugerichten: Pasteten, die mit lebenden Tieren gefüllt waren.

Im Besucherzentrum kann man bei einer Tasse Kaffee aus dem Panoramafenster weit übers Saaletal schauen – schon allein dafür lohnt sich der Aufstieg zur Burg. Übrigens haben Geburtstagskinder freien Eintritt. Die Glücklichen!

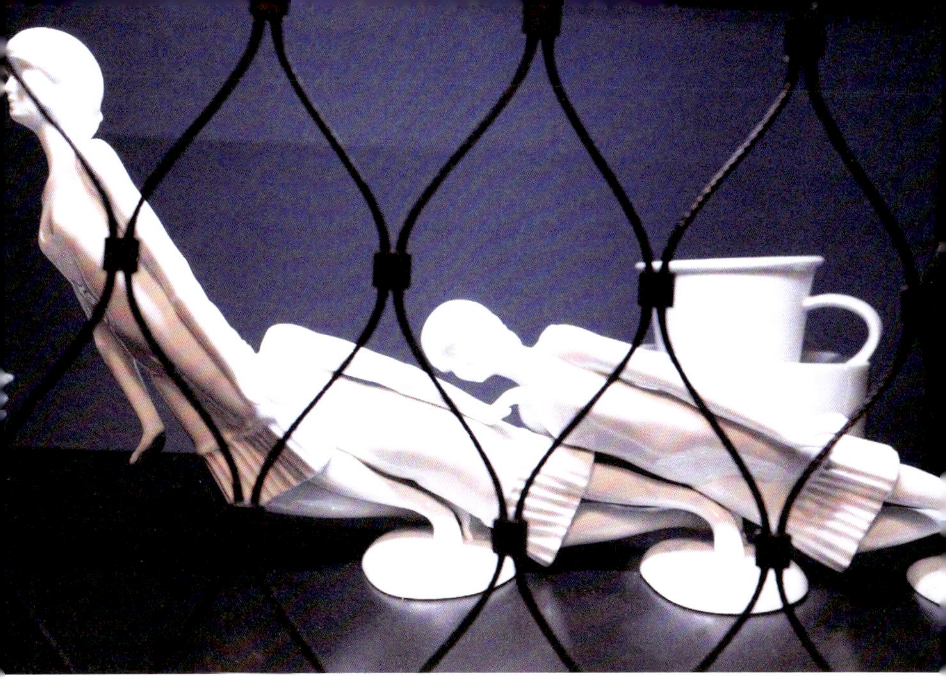

Adresse Dorfstraße 100, 07768 Seitenroda | **Anfahrt** A4, Abfahrt Jena-Göschwitz, auf B88 nach Kahla, dort der Ausschilderung zur Leuchtenburg folgen | **Öffnungszeiten** April–Okt. täglich 9–19 Uhr; Nov.–März täglich 10–17 Uhr | **Tipp** Die Jagdanlage Rieseneck, südwestlich von Kahla, heute ein Kulturdenkmal, gehörte den Herzögen von Sachsen-Gotha-Altenburg, welche das Gelände bis 1918 nutzten.

87 _ Ohne Gewehr
Das historisch-technische Museum

Wer in Sömmerda nach dem historisch-technischen Museum fragt, wird oft Schulterzucken ernten. Hier sagen eigentlich alle Dreyse-Haus. Oder Bibo, denn Museum und Bibliothek teilen sich das Haus und eine ehemalige Fabrikhalle. Und wer oder was war nun Dreyse?

Liest man den Wikipedia-Eintrag von hinten, darf man schmunzelnd zur Kenntnis nehmen, dass Dreyse bitte nicht mit Drais zu verwechseln sei, dem Erfinder des Laufrades. Jener Sömmerdaer Dreyse hieß offiziell Johann Nikolaus, weigerte sich aber zeitlebens, das »k« zu akzeptieren, und ersetzte es grundsätzlich durch ein »c«. Auch als er 1864 geadelt wurde, schrieb er stur Johann Nicolaus von Dreyse.

1787 wurde er in Sömmerda geboren, wo er 1867 auch starb. Zwischendurch erlernte der Sohn eines Schlossermeisters das Vaterhandwerk und verschaffte sich Berufspraxis in Altenburg, Dresden und Paris. Aus der französischen Metropole brachte er ein paar Forschungszwischenergebnisse, wie man ein neuartiges Gewehr bauen könnte, mit zurück nach Sömmerda. Und dort erfand er das Zündnadelgewehr, zunächst als Vorder-, dann als Hinterlader. Eine waffentechnische Revolution. Die preußische Regierung investierte, gewann mit dem neuen Gewehr Kriege, Tausende starben im neuartigen Kugelhagel, und Sömmerda hatte seinen Wirtschaftsaufschwung. Für solch erfolgreiches Unternehmertum wurde man vom Kaiser geadelt.

Auf Krieg und Sieg folgten weitere Kriege, aber eben auch solche, an deren Ende eine Kapitulation stand. Und Wiederaufrüstungsverbote – und der schöne Sömmerdaer Aufschwung konnte nur durch Herstellung von Friedenswaren wieder zum Schwingen gebracht werden. Schwerter zu Pflugscharen sozusagen. Im Museum zusammengetragen: Schreibmaschinen, Rechenmaschinen, Hi-Fi-Geräte, später Computer. Nicht zu vergessen: Konsumgüterproduktion. Gab es DDR-Haushalte, wo Gebäck nicht mit der robotron-Kleingebäckpresse Typ 102 aus Sömmerda gespritzt wurde?

Adresse Weißenseer Straße 15, 99610 Sömmerda | **Anfahrt** A71, Abfahrt Sömmerda-Süd, in Sömmerda Stadtring bis fast zum Ortsausgang fahren, links in die Weißenseer Straße (Volkshaus / Bibliothek) einbiegen | **Öffnungszeiten** Mo, Di, Do 10–18 Uhr, Fr 10–13 Uhr, So 14–17 Uhr, Gruppenführungen auf Anmeldung über Tel. 03634 / 6929855 auch außerhalb der Öffnungszeiten | **Tipp** Große Teile der ehemals 1,3 Kilometer langen Stadtmauer sind samt Türmen erhalten.

88 Von Pusten und Blasen
Das Schlossmuseum

Willkommen in den vielen guten Stuben der Grafen und Fürsten von Schwarzburg-Sondershausen mit einer stattlichen Anzahl unterschiedlicher Sammlungen. Zunächst einmal mit den Attributen höfischer Kultur: kostbare Möbel, Gemälde, Gobelins, Fayencen. Und einem Thron auf Rädern: die Goldene Kutsche, in Paris gefertigt, mit prächtigem Zaumzeug für sechs Pferde. Die steht allerdings in der Remise.

Den Grundstock für das heutige Museum lieferten die hohen Herrschaften nicht nur mit dem Mobiliar aus ihrem Nachlass, sondern auch mit dem Fürstlichen Naturalien- und Raritätenkabinett. Wer etwas auf sich hielt, besaß eine Sammlung von Sonderbarkeiten, skurrilen Dingen, exotischen Exponaten, um damit Gäste zu beeindrucken, zu amüsieren und zum Wundern zu bringen – eben eine Wunderkammer. Hier findet sich der sagenumwobene Püsterich, ein dickbauchiger Bronzeknabe mit geblähten Backen und zwei Öffnungen. Viel wurde über ihn spekuliert, geforscht, geschrieben, aber noch immer ist sein Rätsel ungelöst. Zu welchem Zweck hat er seine Lippen gespitzt? Als Dampfbläser? Als Feuerbläser?

Dicke Backen und gespitzte Lippen gab es auch bei einigen Musikern der Hofkapelle. Ein paar ihrer Instrumente sind ausgestellt, darunter zwei äußerst seltene Kontrabass-Dulciane, enorm große Vorläufer der Fagotte. Neben diesen Holzblasinstrumenten (deren Klang man sich per Knopfdruck anhören kann) finden sich zahlreiche Tasteninstrumente, Klarinetten, Oboen, Hörner. Und als Kuriosum eine Klavierharfe.

Etwa so lang wie eine Dulciane ist das Horn des Narwals im Naturalienkabinett. Früher glaubte man, dies sei das Horn des Einhorns. Zu Pulver gemahlen, sollte es manches Leiden lindern. Falls jemand aber mit dem falschen Fuß aufgestanden ist und ein Mittel gegen graue Laune sucht: einfach in die naturkundliche Abteilung gehen und an der Tafel mit den Tiergeräuschen den Dachs-Knopf drücken.

Adresse Schloss 1, 99706 Sondershausen | **Anfahrt** A38, Abfahrt Nordhausen, auf B4 bis Sondershausen, dort Nordhäuser Straße, Lohberg und Lohstraße, Ausschilderung zum Schloss folgen, parken, Fußweg einplanen | **Öffnungszeiten** Di–So 10–17 Uhr, Gruppen nach Anmeldung über Tel. 03632/622420 | **Tipp** Das Achteckhaus, Schloss 4, ehemals ein überdachtes Karussell, ist heute Spielort für das Loh-Orchester, Jazz hört man im Keller.

SONNEBERG

89 Bärisch gut
Das Deutsche Teddybären-Museum

Das »Deutsche Spielzeugmuseum Sonneberg« liegt an der »Deutschen Spielzeugstraße«. Gibt es eigentlich eine »Peruanische Spielzeugstraße« oder ein »Kambodschanisches Spielzeugmuseum«? Das große Museum punktet damit, die älteste Spezialsammlung für Spielzeug in, natürlich, Deutschland zu sein. Durch Umbau, Erweiterung und Neugestaltung ist das ein großes, modernes Museum geworden, in dem Omas und Opas jetzt gemeinsam mit den Enkeln bestaunen können, was sie schon als Kind bestaunten.

In der Sonneberger Fußgängerzone grüßt ein riesengroßer Teddy durchs Schaufenster. Er winkt Besucher in das »Deutsche Teddybären-Museum«, sozusagen der kleine Spezial-Bruder des großen Museums. Hier gibt es alles, jedoch nur mit Teddys. Der Riesenbär sitzt 3,40 Meter hoch im Fenster und steht mit seinen 5,60 Metern – gemessen im Liegen – als weltgrößter in dem irischen Schwarzbier-Rekord-Buch. Nur durch eine Lupe kann man die kleinsten Teddys, eine Bärenmutti mit Bärennachwuchs im Kinderwagen, richtig betrachten. Zwischen diesen Rekordextremen gibt es hier Teddys jeder Art und Farbe. Und vor allem Teddys in vielerlei Situationen: als Schulklasse, Teddys mit Augenklappe, Schwert und Enterhaken in Aktion auf dem »Bäraten-Schiff«, es gibt Teddynauten, Teddys in blauer Uniform gegen Teddys mit Federschmuck im Wilden Westen. Und weil hierzulande das Christentum die vorherrschende Religion ist, gibt es auch ein Kreuz mit …

Der weltweite Siegeszug des Teddys begann übrigens mit einem Fehlstart. Niemand wollte um 1900 das bewegliche Steifftier kaufen. Über viele Umwege gelangte ein Kuschelbär als Geschenk auf den Schoß eines amerikanischen Mädchens, ganz zufällig die Tochter des Präsidenten Theodore Roosevelt, genannt Teddy. Die benannte ihr Bärchen nach Vati. Die Amerikaner erzählen übrigens eine andere Geschichte mit Knall, Peng und Stich. Aber wie soll man da gemütlich kuscheln?

Adresse Bahnhofstraße 29, 96515 Sonneberg | **Anfahrt** A73, Abfahrt Neustadt/Coburg, auf der B4 bis Neustadt, dort auf die B89 nach Sonneberg-Zentrum, Nähe Bahnhofstraße (Fußgängerzone) parken | **Öffnungszeiten** Mo–Fr 9–17 Uhr, Sa 11–14 Uhr | **Tipp** Unbedingt freilich ins Spielzeugmuseum gehen. Dort wird man wieder zum Kind.

90 Salatgurken für Adelaide
Das SOMSO-Museum

Im Jahr 1876, als in Sonneberg allerlei Spielzeug aus Pappmaschee hergestellt wurde, begann Marcus Sommer, aus diesem Material naturgetreue anatomische Lehrmodelle zu formen – der Beginn einer bis heute anhaltenden Erfolgsgeschichte. Inzwischen fertigt Familie Sommer in fünfter Generation Modelle für den Biologieunterricht und für die medizinische Ausbildung. Menschen und Tiere, die man in einzelne Bestandteile zerlegen kann, übergroße Augen, Blüten, Insekten, Phasen der Embryonalentwicklung.

Eine ganze Etage des Stammhauses dient als Museum, mit verblüffenden Exponaten und Einblick in die Firmengeschichte. Der erste der zehn Räume ist wie ein Tante-Emma-Laden eingerichtet, mit täuschend echt nachgestaltetem Obst und Gemüse, mit Hackfleisch aus Wachs und Brathähnchen aus Gips. Die Weintrauben aus Paraffinwachs sehen so appetitlich aus, dass man sie sich gleich in den Mund schieben möchte.

Zuweilen gibt es spezielle Wünsche. Das Naturkundemuseum in Adelaide brauchte Modelle von Meerrettich, Fenchel, Butternusskürbissen, Rosenkohl. Jedes einzelne Rosenkohl-Röschen wurde per Hand gefertigt und bemalt. Auch die über 200 Modelle von Apfelsorten sind handbemalt, mit Stiel und Blütenansatz versehen und einer leichten Wachsschicht überzogen. Streuobstsorten sind dabei, der »Siebenschläfer« bekam eine sortentypische Stielnase, eine kleine Beule gleich neben dem Stiel.

Ein Raum zeigt veterinärmedizinische Modelle: Pferde, Rinder, Schafe, Schweine, deren Innenleben und Krankheiten. Ein anderer Raum vermittelt einen Eindruck, wie um 1930 hier modelliert und bemalt wurde. Hörsaalmodelle veranschaulichen das Wunderwerk der menschlichen Anatomie. Im Foyer sieht man sich zum Abschied einem überdimensionalen Gehirn gegenüber, das eigene Gehirn randvoll mit neuen Eindrücken. Sowohl Fachleute als auch Kinder sind begeistert von all den sehenswerten Objekten.

Adresse Beethovenstraße 29, 96515 Sonneberg | **Anfahrt** A73, Abfahrt Neustadt/ Coburg, auf der B4 bis Neustadt, dort auf die B89 nach Sonneberg, immer geradeaus, bis rechts die Beethovenstraße kommt | **Öffnungszeiten** Besuche nach Vereinbarung über Tel. 09561/85740 | **Tipp** Das Astronomiemuseum der Sternwarte Sonneberg, Sternwartenstraße 32, wurde vom bedeutenden Astronomen Professor Dr. Cuno Hoffmeister begründet. Außer Montag täglich Veranstaltungen, im November geschlossen.

91_Nichts für Humorlose
Das 1. Rhöner Spaßmuseum

Die innerdeutsche Grenze war gleich nebenan. Spahl ist der westlichste Ort Thüringens. Unweit erhebt sich der »Heilige Hauk«, der heilige Hügel, einer von vielen Beweisen, dass es in der Rhön mal heiß herging. Vulkanös sozusagen. Vom Aussichtspunkt mit Gipfelkreuz hat man einen schönen Blick über Land und Leute und Gebäude. Die Landschaft ist bergig, aber die Sprache nennt sich Rhönplatt. Zu »Scheune« sagen die Dialektsprecher hier »Schern«. Einladend geöffnet ist das Hoftor der »Heile Schern«, der Scheune, die mal dem Josef Heil gehörte, aber längst ein uriger Gasthof ist mit Übernachtungsmöglichkeit für Menschen, die gern in Gruppen schlafen.

Es kann allerdings auch sein, dass man vor Lachen nicht in den Schlaf kommt. Denn der Schern-Wirt ist ein Witzbold und Chef des »1. Rhöner Spaßmuseums«. Eingang über den Hof. Wer keinen Spaß versteht, wird aufgefordert, draußen zu bleiben. Historisches mischt sich mit Kuriosem, Witziges mit Deftigem. Die Spaß-Scheune ist voller Humor, und man muss nicht voll sein, um voll gut drauf zu sein.

Hier wird kräftig geklopft, und zwar Spruch um Spruch. Hat der Bauer Lust auf Schinken, fängt der Eber an zu hinken. Logisch, oder!? Vegetarier, die ins Gras beißen und deshalb den Salat haben, kommen genauso vor wie Vergleiche der Art, dass Wein und Politik vieles gemeinsam haben: Erst hinterher merkt man, welche Flaschen man gewählt hat. Ein bisschen Spaß muss sein. Manchmal auch noch ein bisschen mehr. Da steht das einzige echte Exemplar eines hiesigen Urmenschen, des Neander-Spahlers, neben dem ultimativen Fred-Feuerstein-Geländewagen. Herricht und Preil gucken augenzwinkernd um die Ecke, wo die kluge Ziege eine andere Ziege ruft herbei und gründete 'ne Ziegelei.

Leider ist die Altweibermühle, wo man oben alte Vetteln einwirft, auf dass sie durchgemahlen, jung und knusprig unten wieder herauskommen, zurzeit außer Betrieb.

Adresse Zum Geisaer Berg 1, 36419 Spahl (Geisa) | **Anfahrt** A4, Abfahrt Friedewald über die B62 bis Vacha, dort auf die B84 bis Butlar, dann auf die B278, hinter Geisa auf die L2603 bis Spahl; oder A7 Abfahrt Hünfeld, dann Richtung Tann nach Spahl | **Öffnungszeiten** Mai–Okt. Mi–So ab 12 Uhr; Nov.–April Mi–Fr ab 17 Uhr, Sa und So ab 12 Uhr | **Tipp** Kleiner Trip über die Landesgrenze ins »Internationale Pfundsmuseum«, Kleinsassen, Julius-von-Kreyfelt-Straße 1, ein Museum zu Maßen, Waagen und Gewichten von der Antike bis heute.

92 Schiefergraues Gold
Das Deutsche Schiefermuseum

Steinach, umgeben von den Bergen des Thüringer Schiefergebirges, liegt im Schnittpunkt zweier Touristenstraßen: der Thüringisch-Fränkischen Schieferstraße und der Deutschen Spielzeugstraße. Und damit ist auch schon erzählt, womit sich die Steinacher viele Jahrhunderte lang ihren Lebensunterhalt verdienten: mit der Herstellung von Holzspielzeug sowie mit dem Abbau und der Verarbeitung von Schiefer, dem »blauen Gold«.

Schiefer gibt es in unterschiedlichen Farben und Qualitäten. Dachschiefer nimmt man zum Decken von Dächern und zum Verkleiden von Hauswänden. Gut gegen Wind und Wetter. Schön fürs Auge, wenn heller und dunkler Schiefer in Mustern verlegt wird. Tafelschiefer hingegen wird zu Schiefertafeln verarbeitet. Einem Tablet-PC ähnlich, halfen diese, kostbares Papier zu sparen. Die Kinder schrieben darauf und speicherten das Gelernte in ihrem Gehirn ab. Mittels Wischbewegung (Lappen oder Schwamm) stand die Tafel für neue Inhalte und Anwendungen zur Verfügung. Geschrieben wurde mit einem Griffel, ebenfalls aus Schiefer, genauer: aus Griffelschiefer. Der Unterschied: Tafelschiefer lässt sich gut in dünne Platten spalten, Griffelschiefer dagegen hat eine andere Struktur, ist feinkörniger und splittert in längliche Stücke auf.

Diese Stücke wurden im leicht feuchten Zustand gespalten und dann zu Griffeln gerundet, anschließend »papiert«, zumeist in Heimarbeit, und in Holzkästchen verpackt. »Steinacher Griffel sind die besten«, stand auf den Packungen. Bis Ende der 1960er Jahre hatte Steinach das Weltmonopol und verschickte in 400 Jahren rund 30 Milliarden Griffel in alle Welt.

Griffel schreiben im Unterschied zu Kreide sehr fein, quietschen aber. Wer möchte, kann sich im Museum in eine Schulbank aus dem Jahr 1940 quetschen und das ausprobieren. Wenn man sich dann eine ganze Schulklasse schreibender Kinder vorstellt ... Das blanke Schiefergrauen!

Adresse Dr.-Max-Volk-Straße 21, 96523 Steinach | **Anfahrt** A73, Abfahrt Eisfeld-Nord, B281 bis Abzweig Steinheid, von dort auf L1148 nach Steinach | **Öffnungszeiten** Di–Fr 13–17 Uhr, Feiertage außer Mo 14–17 Uhr und nach Vereinbarung, Tel. 036762 / 30619 | **Tipp** Ein Besuch der Marolin-Manufaktur in der Räumstraße 35: Nach vorheriger Anmeldung (Tel. 036762 / 32310) kann man bei der Herstellung der nostalgischen Pappmaschee-Figuren zuschauen.

STREUFDORF

93__Gemeinsam und getrennt
Das Zweiländermuseum Rodachtal

Im Rodachtal wird grenzübergreifend gedacht. Thüringen und Bayern waren lange genug getrennt. Wobei Bayern eigentlich falsch ist, denn es ist ja Franken. Nach der Wende sollte ein Bundesland Franken entstehen, aber der südliche Freistaat wehrte alle diesbezüglichen Ansinnen ab. Fahrrad- und Wanderwege sind hier Zweiländer-Wege. Auch das Museum trägt den vereinigenden Namen.

Der Museumsbau ist Teil der Kirchburg, einer Anfang des 17. Jahrhunderts gebauten Wehranlage rund um die Kirche St. Marien. Kemenaten sagt man fälschlicherweise, Gaden müsste es heißen, sagen die Museumsleute, denn gewohnt wurde hier nie. Aber die Gaden waren Fluchtort für Mensch und Vieh in Kriegszeiten. Geteilt war die Region über Jahrhunderte. Erst war es die Grenze zwischen zwei Herzogtümern, dann zwischen deutschen Ländern, schließlich die innerdeutsche Grenze, die auf der einen Seite Zonengrenze hieß und auf der anderen antifaschistischer Schutzwall. Weder das eine noch das andere gefiel den Menschen in dieser Region. 100 Jahre Geschichte dieser ländlichen Region werden im Museum grenzübergreifend erzählt. »Ein kurzes Jahrhundert« heißt die Dauerausstellung, wobei es ja nicht weniger kurz war als die anderen Jahrhunderte, aber die gesellschaftlichen, politischen, wirtschaftlichen und technischen Veränderungen kamen in so kurzen Abständen, dass man den Eindruck von schnelllebiger Kürze hatte und hat.

Der deutsche Trennstrich auf der Landkarte hatte ganz konkrete Auswirkungen auf die Menschen in dieser Region. Und deswegen sind die »normalen Leute« mit ihrem Leben in diesen 100 Jahren das spannende Thema dieses Museums. Vielen völlig unbekannt dürfte sein, dass sich die Streufdorfer mit Straßensperren, Glockengeläut und Protestdemonstration gegen die Zwangsaussiedlung aus dem damaligen Grenzgebiet wehrten. Ein fast vergessener Aufstand, an den hier erinnert wird.

Adresse Pfarrberg 5, 98646 Streufdorf (Straufhain) | **Anfahrt** A73, Abfahrt Schleusingen, nach Hildburghausen, dort auf der Coburger Straße stadtauswärts, dann auf L1134 (im Ort: Untere Marktstraße) nach Streufdorf, rechts liegt der Pfarrberg | **Öffnungszeiten** April–Okt. Do, Fr, Sa 13–18 Uhr, So und Feiertage 10–18 Uhr; Dez. Sa und So 13–17 Uhr; Nov. und März Do, Fr, Sa 13–17 Uhr, So und Feiertage 10–17 Uhr | **Tipp** Das nahe Römhild bietet mit Schloss Glücksburg, dem Steinsburgmuseum und einem kleinen Feuerwehrmuseum drei weitere Ausflugsziele.

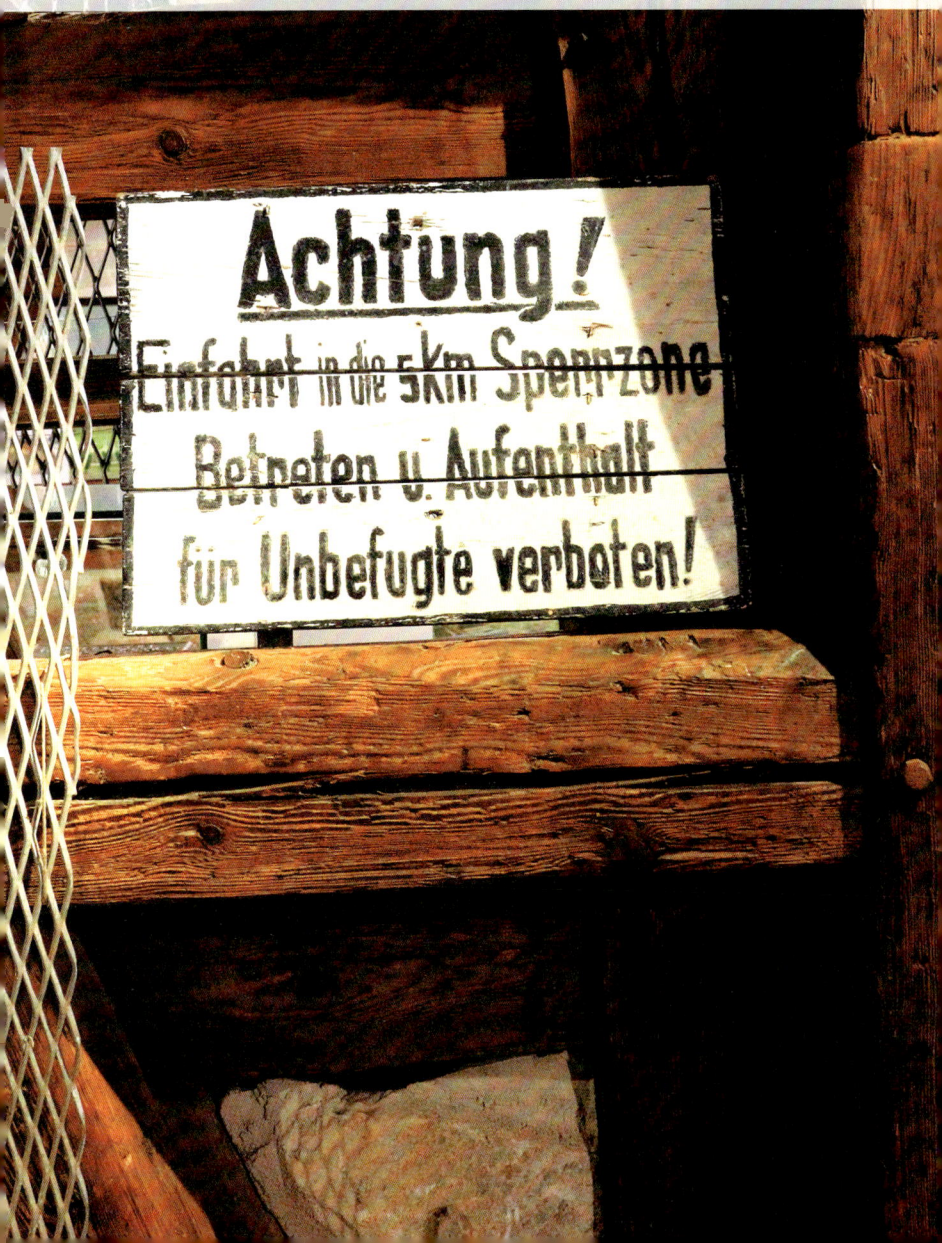

94 Goethe bei Gundelach
Das Goethe-Museum

Auch für Stützerbach war die Glasproduktion wichtig und prägend. Von hier aus gingen etliche neue Glasprodukte um die Welt: Thermometer, Thermosflasche, Glühlampe, Röntgenröhre.

Im Haus der Glashüttenbesitzer Gundelach war mehrfach Weimarer Prominenz zu Gast: der Fürst Carl August und sein Minister und Freund Goethe. Letzterer weilte insgesamt 13-mal in Stützerbach, in seiner Funktion als »Bergwercks-Commisar«, aber auch als Jagdbegleitung des Fürsten. Die Nächte verbrachten die beiden im Gasthaus »Zum weißen Roß«, wo sie mit »leichtfertigen Mädels« tanzten und »liederliche Wirtschaft trieben«. Doch Goethe trieb auch geologische Studien, kümmerte sich um Ilmenauer Bergwerks-Angelegenheiten, wollte gern »den armen Maulwürfen hier Beschäftigung und Brot geben«. Nebenbei zeichnete er, schrieb Gedichte und Briefe. Das Zimmer, in dem er bei seinen Aufenthalten wohnte, bewahrten die Hauseigentümer im Originalzustand, die blaue Tapete stammt noch aus damaliger Zeit. Als könnte der verehrte Besucher ein weiteres Mal hier einreiten und alles wie gewohnt vorfinden.

Gottfried Heinrich Krohne, der bedeutendste Baumeister der Thüringer Geschichte, hat in Stützerbach ebenfalls Spuren hinterlassen – Entwurfszeichnungen für Schloss Dianenburg. Herzog Ernst August gab immer neue Jagd- und Lustschlösser in Auftrag, Krohne entwarf und ließ bauen – unter Zeitdruck und Geldmangel, oft ohne Lohn für die Handwerker. Manches Bauwerk war so schnell hinfällig, dass es schon nach ein paar Jahren abgerissen werden musste. Schloss Dianenburg, das Goethe beim Blick aus dem blauen Zimmer hätte sehen können, stand nur rund zehn Jahre.

Nach gründlicher Modernisierung präsentiert das Haus neben der Ausstellung zu Goethes Aufenthalten auch die Stützerbacher Glas- und Papierherstellung. Hiesige Gläser und Papier mit Stützerbacher Wasserzeichen waren gefragt am Weimarer Hof.

Adresse Sebastian-Kneipp-Straße 18, 98714 Stützerbach | **Anfahrt** A71, Abfahrt Ilmenau-Ost, durch Ilmenau nach Manebach, weiter nach Stützerbach, Ilmenauer Straße, links in die Unterstraße zum Museum | **Öffnungszeiten** Mi–So und Feiertage 10.30–15.30 Uhr | **Tipp** Der Goethe-Wanderweg von Ilmenau über Manebach nach Stützerbach verbindet 17 Wirkungsstätten Goethes. Er beginnt im GoetheStadtMuseum Ilmenau, Am Markt 1.

SUHL

95 Auf zwei und vier Rädern
Das Fahrzeugmuseum

Eine Schwalbe macht noch keinen Sommer? Falsch. Jedenfalls von Suhl aus gesehen. Von 1964 bis 1985 wurden 1,2 Millionen Zweitaktermopeds namens »Schwalbe« ausgeliefert und rollten mit dem charakteristischen Knatterton durch Frühling, Sommer, Herbst und Winter. Auf die »Schwalbe« war Verlass, das konnten jede Gemeindeschwester und jeder Abschnittsbevollmächtigte beschwören. Und die »Schwalbe« darf laut deutsch-deutschem Einigungsvertrag noch heute schneller fahren, als man jedem BRD-Moped sonst erlaubt. 50 statt 45 Kaemha! Gut erhaltene Exemplare kosten heute in Euro so viel wie damals in DDR-Mark. Im Fahrzeugmuseum kann man »Schwalben« gucken und dabei gleich mal all die anderen über 200 wunderschönen Zweiräder und Vierräder ansehen, die das Museum so vorrätig hat. Kauf leider ausgeschlossen!

Begonnen hat alles mit der Erfindung des Tretkurbelfahrrades durch den Mechanikus Heinrich Mylius, dessen Erfindung leider in Vergessenheit geriet, wie der Erfinder selbst. Aber dann: Motorräder, Mopeds, dazwischen eine WLA 45 Harley Davidson, geschnitzt aus Holz. Kurios! Die metallene Maschine war ein Stück Militärhilfe der Amerikaner für die sowjetischen Streitkräfte im Kampf gegen Hitler.

Auch der legendäre »Silberpfeil«, ein Eigenbau auf der Basis des BMW 328, mit dem Paul Greifzu 1951 das Rennen auf der Berliner AVUS gewann, ist zu sehen. Und plötzlich denkt man dort im Fahrzeugmuseum: Das ist doch Steve McQueen!? Eine tolle Geschichte: Der Schauspieler war ein Motorradverrückter, am liebsten quer durchs Gelände brausend, und wollte unbedingt bei den 39. Six Days dabei sein. Start und Ziel allerdings damals – 1964, drei Jahre nach dem Mauerbau! – in Erfurt, DDR. Egal, dabei sein ist alles. Die Teilnahme stand freilich in keiner Zeitung. Aber die ebenso motorsportverrückten DDR-Bürger erkannten Steve McQueen. So gibt es heute doch einige Fotos im Museum.

Adresse im Atrium des CCS, Friedrich-König-Straße 7, 98527 Suhl | **Anfahrt** A71, Abfahrt Suhl / Zella-Mehlis, bis Suhl-Zentrum | **Öffnungszeiten** täglich 10–18 Uhr | **Tipp** Ganz in der Nähe des Fahrzeugmuseums befindet sich in einem flachen Fachwerkbau das Waffenmuseum Suhl. Büchsenmacher gibt es hier seit Jahrhunderten.

TANNRODA

96 Körbeweise Geschichte(n)
Das Thüringer Korbmachermuseum

Korbflechterei, ein uraltes Handwerk, ist vom Aussterben bedroht. In Tannroda verdienten sich über Jahrhunderte Familien ihr kärgliches Brot, indem sie Weidenkulturen anlegten, die einjährigen Weidenschösslinge schnitten, dann schälten oder stundenlang kochten oder ungeschält ließen. Daraus flochten sie eine Vielzahl von Alltagsgegenständen: Körbe, Kiepen, Truhen, Koffer, Hocker, Stühle, Teppichklopfer. Heute gibt es von den einst zahlreichen Betrieben noch einen. Aber die Erinnerung an dieses Handwerk hat auf dem Burggelände hoch über der Stadt einen würdigen Platz gefunden, in einem malerischen Laubengang-Gebäude (vormals Stall und Wirtschaftsgebäude). Hier wird eine Auswahl unterschiedlichster Korbwaren gezeigt, und samstags kann man einem Korbmachermeister bei der Arbeit zuschauen.

Früher stand hier eine Burg, in der der berüchtigte Raubritter Apel Vitzthum mit harter Hand herrschte, bis es Erfurtern und Weimarern gelang, die als uneinnehmbar geltende Burg zu erobern und zu zerstören. Später wurden auf dem Gelände zwei Schlösser gebaut. Ein zeitweiliger Mitbesitzer war Heinrich Adalbert Freiherr von Gleichen-Rußwurm, Patenkind von Friedrich Schiller. Rußwurm, im erwachsenen Zustand, heiratete die jüngste Schiller-Tochter, was Vater Schiller leider nicht mehr erlebte.

Zurück zu den Korbmachern. 1903 bekamen sie Besuch. Henry van de Velde schlug ihnen vor, neben simplen, traditionellen Körben auch elegante Korbmöbel herzustellen. Seine Entwürfe sind Teil der Ausstellung, ebenso ein nach seiner Idee gefertigter Korbstuhl. Die modernen Jugendstil-Möbel fanden reißenden Absatz in Berlin, München, Hamburg, Düsseldorf.

Kleine Quizfrage am Rande: Wie trug Rotkäppchen Kuchen und Wein zur Großmutter? Im Korb? Original Gebrüder Grimm: Unter der Schürze. Könnte bitte mal jemand dem Mädchen einen Korb geben? Möglichst einen schönen, alten aus Tannroda.

Adresse Schloss, Lindenberg 9, 99438 Tannroda (Bad Berka) | **Anfahrt** A4, Abfahrt Weimar, B85 nach Bad Berka, dort auf B87 nach Tannroda, Marktstraße, dann rechts Lindenberg (Schloss) | **Öffnungszeiten** Ende April–Okt. Sa, So 14–16 Uhr oder auf Anfrage, Tel. 036450 / 43936 oder 30744 | **Tipp** Auf der Niederburg in Kranichfeld fliegen Riesenseeadler, Andenkondor und andere Greifvögel, auf der Oberburg findet man den »Leckarsch«.

97 Goldwäscherstimmung
Das Deutsche Goldmuseum

Was zieht jährlich mehr als 10.000 Besucher aus ganz Deutschland, den USA und Australien in den kleinen Ort Theuern? Genau das, was den Geologen Dr. Markus Schade quer durch Europa, nach Sibirien, Alaska, Kanada, Australien, Neuseeland und in die USA zog: Gold. Als er 1982 in Thüringen Seifengold fand, war sein Interesse für diese Region geweckt. 1997 erfüllte er sich einen Kindheitstraum und eröffnete das Goldmuseum, um die Geschichte, Geologie und Gewinnung des faszinierenden Metalls anschaulich zu vermitteln.

Hier, im Thüringer Schiefergebirge, stießen Bergleute im Mittelalter auf Gold, ein Berggeschrei setzte ein, die Kunde der Funde machte die Runde, Goldbergbau wurde betrieben, zugleich auch Goldwäscherei. Einige Ortsnamen erinnern daran: Goldisthal, Goldberg, Reichmannsdorf. Wie das abgebaute Gestein zertrümmert wurde, um an das eingeschlossene Berggold zu gelangen, zeigt das Modell eines Pochwerks im Museum. Zu Beginn der Neuzeit kam der Goldbergbau zum Erliegen, spätere Abbauversuche blieben ohne Erfolg. Doch immer wieder wurde in den Bächen Seifengold gefunden. Seifengold heißt so, weil man es beim Waschen (Seifen) gewinnt. Im Unterschied dazu ist Katzengold (oder Narrengold) ein Eisenmineral, dessen goldene Farbe und trügerischer Glanz das Auge narren.

Auch der Bach Grümpen, der vor dem Museum fließt, führt Gold mit sich. Wer sich mit dem Goldfieber infiziert hat, kann sich gleich im Museum eine Goldwäscher-Ausrüstung kaufen oder ausleihen und unter fachkundiger Anleitung sein Glück probieren. Wer gerade keine Gummistiefel dabeihat, wird im Museumsshop fündig und kann sich am Ende des Rundgangs über eine ganz spezielle Sammlung amüsieren: eine große Vitrine voll mit »Gold«-Lebensmitteln. Nein, dafür soll jetzt nicht schleichgeworben werden, lieber für die eigene Suche nach den echten, schönen, ästhetischen, geheimnisvollen Goldpartikeln.

Adresse Im Grund 4, 96528 Theuern (Schalkau) | **Anfahrt** B73, Abfahrt Eisfeld-Nord, B89 bis Schalkau, links abbiegen in die Waldstraße nach Theuern, Limbacher Straße, rechts: Im Grund | **Öffnungszeiten** Ende April–Mitte Sept. täglich 9–17 Uhr, sonst nach Voranmeldung, Tel. 036766/87814 | **Tipp** Fast nebenan: Museum Neues Schloss Rauenstein. Der um 1690 errichtete barocke Herrensitz beherbergt heute vor allem Rauensteiner und Thüringer Porzellan sowie Märklin-Modelleisenbahnen.

THIEMSBURG

98 — Unter allen Wipfeln
Das Nationalparkzentrum an der Thiemsburg

Ringsumher wächst ein Urwald heran. Man könnte das gesamte Gebiet, den Hainich mit seinen alten Buchen, als großes Freilichtmuseum betrachten und als besonderes »Museumsstück« die Betteleiche. Sie ist einer der ältesten Bäume hier, 600 bis 800 Jahre alt. Laut einer Sage schlugen Bettelmönche eine kastenförmige Öffnung in den Baum, darin konnten milde Gaben und Bittzettel wettergeschützt hinterlegt werden. Als die Eiche allmählich verwitterte, nahm sie eine bizarre Form an, mit einer portalartigen Öffnung. Sie wurde zum Wahrzeichen des Nationalparks, ist Natur- und Kulturdenkmal zugleich.

Durch diesen Wald könnte man wandern, einfach so, und die Natur genießen, die hier Natur sein darf. Aber es steigert das Staunen über die Wunderwelt Wald, wenn man sich im Nationalparkzentrum über all das informiert, was solch ein sich selbst überlassener Wald an Geheimnissen, Überraschungen und Besonderheiten zu bieten hat. Beispielsweise eine Vielzahl von Insekten, deren Lebensraum das Totholz ist, überwuchert von Moosen und Pilzen. In forstwirtschaftlich aufgeräumten Wäldern haben diese Arten kaum eine Chance. Im Hainich dagegen werden jedes Jahr weitere Arten entdeckt, so auch Reiters Strunksaftkäfer, der in Deutschland als ausgestorben galt. In einer Hand humosem Waldboden sind so viele Lebewesen unterwegs wie Menschen auf der Erde. Im Hainich flattern, kriechen, schnüren, krabbeln über 5.000 Tierarten.

Das Nationalparkzentrum bietet zahlreiche Anregungen und Verlockungen auch für Kinder, um sich dem Thema Wald spielerisch zu nähern. Und nur 300 Meter entfernt wartet ein Höhepunkt (im wahrsten Wortsinn): der Baumkronenpfad. Hier kann man durch die Baumkronen hindurch nach oben steigen und weit hinweg über die Baumriesen des UNESCO-Weltnaturerbes schauen. Den scheuen Star des Hainichs jedoch kann man von hier oben eher nicht sehen: die Wildkatze (siehe Tipp).

Adresse Thiemsburg, 99947 Alterstedt (Schönstedt) | **Anfahrt** A4, Abfahrt Eisenach-Ost, über Behringen, Reichenbach der Ausschilderung zum Hainich folgen | **Öffnungszeiten** April–Okt. täglich 10–19 Uhr; Nov., Dez., März täglich 10–16 Uhr, Weiteres auf www.nationalpark-hainich.de | **Tipp** In Hütscheroda kann man Wildkatzen aus unterschiedlichsten Blickwinkeln beobachten (www.wildkatzendorf.de).

TIEFURT

99 — Heiße Reden, Kalte Küche
Schloss und Park Tiefurt

Wenn man durch die Zimmer des kleinen Schlosses geht, vorbei an den stummen Möbeln, möchte man mit einem Fingerschnipsen die Geister herbeirufen, die einst diese Räume bewohnten oder in großer Zahl besuchten. Man möchte teilnehmen an ihren Debatten über Literatur, möchte sich erfreuen am spitzzüngigen Witz der Hofdame Luise von Göchhausen, möchte zuhören, wie Goethe hier seine »Iphigenie« vorliest und Schiller den »Don Carlos«. Man möchte erleben, wie die Hofgesellschaft dilettiert. Damals bedeutete das: aus Liebhaberei die Künste pflegen. Vor allem aber möchte man nachts im Park zuschauen, wenn das Liebhabertheater im Feuerschein von Fackeln am Ufer der Ilm Goethes Singspiel »Die Fischerin« aufführt. In Aktion: Dilettanten, in der Hauptrolle Corona Schröter, eine »richtige« Schauspielerin.

Herzogin Anna Amalia war der gute Geist, der all diese Geister um sich scharte. Sie heiratete mit 16 Jahren, gebar den zukünftigen Herzog Carl August, mit 18 Jahren Prinz Constantin, da war sie schon Witwe und musste regieren. Als ihr Sohn die Regentschaft übernahm, hatte sie endlich Muße für die Musen. Mehr als 20 Sommer bewohnte sie Schloss Tiefurt, ließ den Park naturnah gestalten, umgab sich mit Leuten wie Wieland, Herder, Goethe, Schiller. Es wurde philosophiert, diskutiert, musiziert.

Wurde gemeinsam gespeist, war die Tafel opulent gefüllt. Ein Teil der Speisen war allerdings ungenießbar. Sie waren »Kalte Küche«, Schaugerichte aus Porzellan, Wachs oder Pappmaschee. Ein Scherz zum Amüsement der Gäste, heute in der Küche appetitlich arrangiert. Gern traf man sich auch im Teehaus, Teetrinken war angesagte Mode. Doch die Freude daran währte nur wenige Monate, dann zogen Napoleons Truppen plündernd durch Tiefurt. Anna Amalia kam nie wieder in ihr »liebliches Thal«.

Heute gehören Schloss und Park zum UNESCO-Welterbe »Klassisches Weimar«.

Adresse Hauptstraße 14, 99425 Tiefurt (Weimar) | **Anfahrt** A4, Abfahrt Weimar, wieder stadtauswärts Richtung Osten (Eduard-Rosenthal-Straße) bis Tiefurt, der Ausschilderung zum Schloss folgen | **Öffnungszeiten** Di–So 11–17 Uhr, Schließung im Winter (siehe www.klassik-stiftung.de) | **Tipp** Heute bespielen professionelle Künstler beim »Sommertheater« den Tiefurter Park (www.sommertheater-tiefurt.de).

100 — Ritter, Rächer & Rapiere
Die Burg Normannstein

Am Fuße des Burgberges schlängelt sich die deutsche Fachwerkstraße durch Treffurt. Weit darüber thront die Burg Normannstein. Der Name führt ein bisschen in die Irre, denn Normannen wurden hier nie gesichtet. Die romanische Burg war von Anfang an ein Luginsland, eine Warte, von der aus ein Stück Werratal unter Kontrolle gehalten wurde. Um 1200 ließen die Herren von Treffurt sie zu einer Wohnburg erweitern. Damals entstand einer der viereckigen Türme, in dem heute ein sehr ansprechend gestaltetes Museum auf mehreren Etagen untergebracht ist.

Man erfährt einiges über die »Werraburgen über Werrafurten« und über die Burgherren, die im Dienst der Ludowinger standen, Thüringens Landgrafen. Die Wende zum 14. Jahrhundert war auch eine Wende in der Geschichte der Treffurter Adligen, die sich aufs Raubrittern verlegten. Einer von ihnen, Hermann VII., Freiherr von Treffurt, soll nach alten Quellen »geraubt, gehurt und gebubt« haben. Angeblich hätte ihn dann das heulende Elend gepackt, er sei Barfüßermönch geworden und hätte verfügt, dass zur endgültigen Buße sein toter Leib im Abort der Knabenschule verbuddelt werden solle. Vielleicht wollte er auch als Geist weiter »buben«.

Wahr ist, dass die Treffurter Räuber von den Truppen des Mainzer Erzbischofs, der hier Land und Untertanen und so seine Interessen hatte, ausgeräuchert wurden. Sie verloren ihren Besitz, der die Orte Falken, Großburschla, die Hälfte von Schnellmannshausen, Wendehausen, Klein-Töpfer, die Stadt Treffurt und die Burg Normannstein umfasste. Amtsleute aus Mainz, Thüringen und Hessen übernahmen die Ganerbschaft Treffurt – das kleinste Staatswesen im Heiligen Römischen Reich – zur gemeinschaftlichen Verwaltung. Daher auch das geteilte Stadtwappen von Treffurt mit einem Mainzer Rad.

Seit 2008 gibt es wieder eine Gaststätte mit Hotel und einem atemberaubenden Blick übers Westthüringer Land.

Adresse Burg Normannstein, 99830 Treffurt | **Anfahrt** A4, Abfahrt Eisenach-West, auf B7 über Creuzburg nach Treffurt, Ausschilderung zur Burg folgen | **Öffnungszeiten** April–Okt. Mi–So 11–17 Uhr, letzter Einlass 16.30 Uhr (bei Trauungen geschlossen, Info-Tel. 036923/51542); Informationen zum Restaurant: www.burg-normannstein.de | Tipp Unbedingt einen Spaziergang durch die Fachwerkstadt Treffurt mit Rathaus, Ohrfeigenhaus, Trottschem Hof, Heimatmuseum im Burgstieg, Falkenstein und Pfuhls Hof einplanen.

101 — Wasser mit Balken
Das Flößereimuseum

Auch so ein Beruf, der ausgestorben ist: Langholz-Flößer. In Zeiten miserabler Straßen und bevor es Eisenbahnen gab, wurden Flüsse genutzt, um Bau- und Brennholz aus den Thüringer Wäldern in holzarme Gegenden flussabwärts zu transportieren. Uhlstädt an der Saale war einst ein Flößerort, hier lebten Männer, die sich auf diese gefährliche und beschwerliche Arbeit verstanden. Die frisch geschlagenen Baumstämme wurden auf die gewünschte Länge geschnitten, entästet und entrindet, durch den Wald (auf dem Holzweg!) zum Lagerplatz geschleppt, wo sie trockneten und »ausleichteten«. Die beste Zeit zum Flößen war das Frühjahr. Nach der Schneeschmelze führte der Fluss ausreichend kaltes und somit schwereres und tragfähigeres Wasser. Unterwegs galt es, zahlreiche Hindernisse zu überwinden: Wehre, unzählige enge Brücken – und alle paar Kilometer eine Zollstelle.

Flöße zu bauen war eine ganz eigene Kunst. Wichtigstes Arbeitsmittel war der Floßhaken, eine lange Stange aus Holz mit Eisenspitze und seitlich gekrümmtem Haken. Er wurde zum Schieben und Drehen des Holzes gebraucht, zum Floßbau, zum Steuern (auch eine Kunst) und zum Festhalten bei Wehrdurchfahrten.

Goethe, in anderen Künsten bewandert, war als Oberdirektor des Weimarer Hoftheaters nebenbei zuständig für die Sommer-Spielstätte in Lauchstädt. Doch das Haus dort wurde verächtlich als »Schafstall« bezeichnet, es regnete auf Schauspieler und Zuschauer. Also beantragte Goethe einen Theater-Neubau. Fünf Jahre lang verhandelten die zuständigen Behörden, dann wurde gebaut, innerhalb von zwölf Wochen. Goethe bestellte Flößholz aus dem »Oberland«. Beim Flößen gewinnt Holz an Qualität. Gutes Holz fürs Gebälk des Hauses und für Bretter, die die Welt bedeuten.

Das große Floß im Museum mit Zubehör und Flößerstiefeln erzählt von früher. Heute gibt es auf der Saale touristische Floßfahrten. Aber nur auf Flößen mit TÜV.

Adresse Am Saalewehr 2, 07407 Uhlstädt (Uhlstädt-Kirchhasel) | **Anfahrt** A4, Abfahrt Jena-Göschwitz, auf der B88 über Kahla, Orlamünde nach Uhlstädt-Kirchhasel, Ausschilderung zur Tourist-Information folgen | **Öffnungszeiten** April–Okt. Mo–Fr 13–16 Uhr, sonst nach Vereinbarung über Tel. 036742/63534 | **Tipp** Von Weimar aus lief Goethe mehrere Stunden zum Schloss Großkochberg (Ziel: Frau von Stein). Von Uhlstädt schafft man es mit dem Auto in 15 Minuten.

VIERNAU

102 Beflügelte Leidenschaft
Das Deutsche Geflügelmuseum

Günter, elf Jahre alt, schaffte sich Zwerghühner an, zwei Hennen und einen Hahn. Aus dem Hobby wurde eine Leidenschaft, Günter Schneider wurde Geflügelzüchter und sammelt alles, was mit Rassegeflügelzucht zu tun hat: Figuren aus Porzellan oder Holz, Gemälde, Plakate, Bierkrüge, Kaffeegeschirr und Eierbecher mit Abbildungen vom lieben Federvieh, bemalte Eier mit Geflügelmotiven, Fingerhüte, Briefmarken, Streichholzschachteln, Medaillen, Pokale, Glocken, Uhren, Bücher, Zeitschriften, Dokumente und Zuchtgeräte. Die gesamte untere Etage seines Hauses steht Besuchern offen – eine Adresse nicht nur für Geflügelzüchter, sondern für jeden, der staunen möchte, wie vielgestaltig Gänse, Enten, Hühner, Puten und Tauben verewigt wurden. Wenn man meint, man hätte nun alle denkbaren Gegenstände oder figürlichen Darstellungen gesehen, öffnet sich der nächste Raum mit weiteren Objekten, insgesamt sind es über 16.000 Exponate in elf Räumen. Und ein Ende dieser privaten Sammlung ist nicht abzusehen.

Klangvolle Namen gibt es: Schmalkaldener Mohrenköpfe, Brünner Kröpfer, Goldkäfertauben, Federfüßige Zwerghühner, Thüringer Barthühner, Steinbacher Kampfgänse (mit letzteren wurden sonntags Ganterkämpfe veranstaltet). Die Wände sind dicht behängt mit Gemälden, auf denen Gänse, Tauben und Hühner liebevoll bis ins Detail porträtiert wurden.

Picassos »Friedenstaube« ist ebenfalls zu finden, außerdem Taubenschmuck aus dem Libanon, Hähne aus allen Erdteilen. Interessant auch die Sammlung unnormal geformter Hühnereier. Oder die bronzenen Opiumgewichte aus China in Geflügelform. Gern kann man an einem der Tische Platz nehmen, um mit dem Hausherrn zu fachsimpeln, über eine mit Hühnern bestickte Tischdecke hinweg. Dieses Museum ist (k)ein Geheimtipp bei Besuchern aus aller Welt. Und wer einen weiten Weg hierher hatte, darf die Gästetoilette als zwölften Ausstellungsraum mitzählen.

Adresse Hügelstraße 3a, 98547 Viernau | **Anfahrt** A71, Abfahrt Zella-Mehlis-Nord, auf B62 bis Ortseingang Benshausen, dort nach rechts auf L1118 nach Viernau. Meininger Straße, links in die Ernst-Thälmann-Straße, links in die Hügelstraße | **Öffnungszeiten** täglich geöffnet, Anmeldung über Tel. 036847/42987 | **Tipp** In Steinbach-Hallenberg wurde ein 260 Tonnen schweres Haus einfach mal an einen anderen Ort versetzt. Im Haus war die letzte, europaweit einzigartige Korkenzieherwerkstatt untergebracht. Heute ist es ein Metallhandwerksmuseum.

WALTERSHAUSEN

103 — Niedliche Unart
Das Museum Schloss Tenneberg

Manche Wortschöpfung der deutschen Sprache landet original in anderen Sprachen. Ein Beispiel: the very popular »Charakterkopfpuppen« of the Thuringian company »Kämmer & Reinhardt«. Als diese Firma 1885 in Waltershausen gegründet wurde, war die Stadt bereits das Zentrum der deutschen Puppenproduktion.

Puppen wurden in Thüringen seit dem Mittelalter hergestellt, aus Holz geschnitzt, aus Brotteig geformt, aus Lumpen genäht. Johann Daniel Kestner führte in Waltershausen die Herstellung von Pappmaschee-Köpfen ein, die 1815 von ihm gegründete Puppenfabrik gilt als die älteste. Ab Mitte des 19. Jahrhunderts kamen weitere Firmen dazu, Porzellan setzte sich durch als Material für Puppenköpfe, -arme oder Schwimmpuppen (aus einem Stück gearbeitet), am besten Biskuit-Porzellan, weil das der menschlichen Haut am nächsten kam. Doch auch auf »Orientalen«, Puppen anderer Hautfarbe, verstanden sich die Puppenmacher, ihre Geschöpfe eroberten die Welt und trafen den Geschmack unterschiedlicher Völkerschaften.

1909 kamen Charakterpuppen in Mode, inspiriert von Künstlerpuppen. Sie hatten nicht mehr einfach nur liebliche Kindergesichter, sondern ausdrucksstarke Gesichtszüge. Manche hatten einen Kopf mit zwei oder drei Gesichtern: eins lachend, eins weinend, eins schlafend. Viele Neuerungen kamen aus Waltershausen: die erste Grammophon-Puppe (im Museum zu besichtigen), Schelmenaugen, die sich nach links und rechts bewegen können, die »Unart«, eine Puppe, die beim Hinlegen nicht gleich ihre Augen schloss.

Wer die vielen Puppen in den Vitrinen betrachtet, wird Begleiterinnen der eigenen Kindertage finden, aber auch manch kurioses Spielzeug entdecken. Da sitzt zum Beispiel ein grober Kerl mit großem Maul vor einem Kloßteller. Wird an der Seite gekurbelt, verspeist er einen Kloß und starrt dabei schon auf den nächsten. Genannt: Vielfraß oder Kloßfresser.

Adresse Schloss Tenneberg, 99880 Waltershausen | **Anfahrt** A4, Abfahrt Gotha-Boxberg, in Waltershausen Hauptstraße, Bremerstraße, links einbiegen in den Denkmalplatz zum Schloss | **Öffnungszeiten** April–Okt. Mi–So 10–17 Uhr, Nov.–März Mi–So 10–16 Uhr, Jan. geschlossen | **Tipp** Der Schlosspark Reinhardsbrunn ist der erste Landschaftspark romantischer Prägung in Thüringen. Gartenfürst Pückler äußerte sich lobend. Das Schloss Reinhardsbrunn verfällt ganz unromantisch.

104 Adelsdamen und ein Prinz

Stadtmuseum und Thüringer Karnevalsmuseum

Wasungen ist bekannt für seine Fachwerkhäuser im fränkisch-hennebergischen Stil. Eins der schönsten Gebäude – heute das Museum – ließ Bernhard Marschalk von Ostheim 1596 errichten. Er blieb kinderlos und stiftete sein Geld für wohltätige Zwecke, so auch für ein Damenstift für unversorgte Adlige. Von der Stuckdecke eines Zimmers blickt streng sein Konterfei herab, als wolle er überprüfen, ob seine Stiftungsgelder in seinem Sinne verwendet wurden. Das wurden sie, bis die letzte Stiftsdame im Jahr 1931 verstarb.

Wasungen ist aber auch bekannt als Karnevalshochburg mit langer Tradition, die – urkundlich belegt – bis mindestens 1524 zurückreicht. Damals spendierte der Bürgermeister einen Eimer Freibier für die Tanzknechte des Festes. Wasungen kürt bis heute nur einen Prinzen und kein Paar, um Streit in der schönsten, der fünften Jahreszeit zu vermeiden. Der Umzug, immer samstags vor Rosenmontag, war zu DDR-Zeiten ein Geheimtipp und lockte bis zu 20.000 Narren an.

Im Karnevalsmuseum, vom Landesverband Thüringer Karnevalsvereine gegründet, spielt nicht nur der Wasunger Karneval eine Rolle; es werden Kostüme, Dokumente, Ehrenorden, Plakate aus ganz Thüringen gezeigt. So auch die Erinnerung an ein mathematisches Wunder: Der kleine Ort Bockstadt hatte im Karnevalsclub außer Damen nur zwei Männer. Die nähten sich Umhänge mit einer »1« auf dem Rücken. Zu Beginn der Festivität drehten sie sich gemeinsam mit dem Rücken zum Publikum, so kam Bockstadt zu einem Elferrat. Es gibt Dokumente, die belegen, wie skeptisch in der DDR Karnevalisten observiert und »operativ bedeutsame Anhaltspunkte« gesammelt wurden, zum Beispiel, dass ein Büttenredner seine spitzzüngigen Bemerkungen »in Ferse gekleidet« hatte. Gut, dass wir heute auch darüber lachen können.

Adresse Untertor 1, 98634 Wasungen | **Anfahrt** A71, Abfahrt Meiningen-Nord, auf B19 über Meiningen, Walldorf nach Wasungen, der Straße in den Ort folgen, rechts abbiegen ins Untertor | **Öffnungszeiten** Mo–Fr 10–12 und 14–16 Uhr, Sa 10–12 Uhr, So 14–16 Uhr, Führung nach Voranmeldung möglich, Tel. 036941/72129 | **Tipp** In der nahe gelegenen Märchenhöhle Walldorf erfährt man auch viel über Sandmacher.

105 Stammbaum und Störche
Das Bach-Stammhaus

Ein Stammbaum ist eine verzwickt verzweigte Sache, noch dazu, wenn es sich um die Familie Bach handelt. Wie schnell bleibt man im Geäst der Namen und Lebensdaten hängen. Fangen wir mit dem Namen unten am Baum an: Veit Bach – der Urvater einer weit verstreuten Familie von Stadtpfeifern, Kapellmeistern, Organisten und Komponisten.

Veit Bach selbst war kein Musiker, sondern Bäcker und Müller. Als Anhänger der lutherischen Religion floh er vor der Gegenreformation aus »Ungern« nach »Teütschland«. In Wechmar fand er Unterkunft und Arbeit, im Oberbackhaus und in der Obermühle. Gern zupfte er auf dem Cythringen, auch in die Mühle nahm er sein Instrument mit, um nebenbei zu klampfen – im Rhythmus des Mahlwerks. Etwa so: Es klappert die Mühle, Veit Bach spielt dazu, klipp-klapp. Sein berühmtester Nachfahre kommentierte das später: »Es muss doch hübsch zusammen geklungen haben! Wiewol er doch dabey den Tact sich hat imprimiren lernen. Und dieses ist gleichsam der Anfang zur Music bey seinen Nachkommen gewesen.«

Veit Bachs Urenkel bekam acht Kinder, das jüngste wurde auf den Namen Johann Sebastian getauft. Mit seiner Musik eroberte er und erobert noch immer die Herzen der Menschen weltweit. Denn Musik spricht in allen Sprachen.

Und so reisen heute aus aller Welt Bach-Verehrer nach Wechmar, um den ältesten originalen Wirkungsort der Familie zu besuchen, ehe sie zu weiteren Lebensstationen aufbrechen: nach Erfurt, Eisenach, Ohrdruf, Arnstadt, Mühlhausen. Oder sie reisen nach Dornheim, wo der junge Bach seine erste Frau heiratete und wo vor einigen Jahren japanische Fans Bach ehrten, indem sie dort eine Gruppenhochzeit zelebrierten. Nicht nur vor Hochzeiten lohnt sich ein Blick über das Dach des Wechmarer Bachhauses hinweg. Auf einem hohen Schornstein brütet Jahr für Jahr ein Storchenpaar. Die Wechmarer gaben den Störchen Namen: Johanna und Sebastian.

Adresse Bachstraße 4, 99869 Wechmar (Günthersleben-Wechmar) | **Anfahrt** A4, Abfahrt Gotha, Richtung Süden ein kleines Stück auf der B247, in Schwabhausen abbiegen Richtung Wechmar, dort rechts in die Brückenstraße, rechts Markt, dann Bachstraße | **Öffnungszeiten** im Sommerhalbjahr Di und Do 10–17 Uhr, Sa und So 13–17 Uhr, im Winterhalbjahr jeweils bis 16 Uhr, siehe www.bach-stammhaus-wechmar.de | **Tipp** Eine der Drei Gleichen (Burgengruppe) ist die Burgruine Wandersleben – mit Burgmuseum zu Flora, Fauna und Geologie der Region.

106 — Ochsen für derbe Sohlen
Das Technische Schaudenkmal Lohgerberei

Das Handwerk der Gerber und Schuhmacher hat in Weida eine jahrhundertealte Tradition, wobei die Schuhmacher im Mittelalter Häute und Felle noch selbst gerbten, ehe sich zwei Berufszweige daraus entwickelten und Weida im 19. Jahrhundert ein Zentrum der Lederindustrie wurde. So gründete auch Johann Friedrich Franke 1844 eine Gerberei, bis 1992 arbeiteten hier fünf Generationen. Heute ist das Areal ein Schaudenkmal mit 58 Gerbgruben, Maschinen und Geräten. Bei einer Führung durch alle Räume erfährt man, wie einst Baumrinde zu Lohe gehäckselt wurde und wie die Häute und Felle zu stabilem Sohlenleder verarbeitet wurden. Wobei die Haut von Kühen gut war für alltägliche Schuhe, für Militärstiefel dagegen taugte nur die zähere Haut von Ochsen. Über ein Jahr dauerte die Prozedur, bis aus der Rohhaut fertiges Sohlenleder geworden war. Das Fell wurde eingeweicht, von Haaren und Unterhaut-Bindegewebe befreit, durchlief drei »Farbgänge« und wurde dann für zwölf Monate den Gerbstoffen der Baumrinde überlassen.

Weggeschmissen wurde nichts. Das abgeschabte Bindegewebe fand Verwendung für Gelatine, Leim, Kosmetik. Die ausgelaugte Rindenlohe wurde getrocknet, gepresst und als Heizmaterial verkauft, Lohkuchen genannt. Doch die »Weidsche Lohbrühe«, die man in Flaschen mit nach Hause nehmen kann, ist kein Überbleibsel der Produktion, sondern ein feiner Kräuterlikör.

Manch Neugieriger reist extra an, um sich das Kleinod des Maschinenparks anzuschauen, eine Dampfmaschine von 1855, die mit zwölf PS die Lohmühle, die Entfleischmaschine, Pressen und Lederwalze antrieb. Sie funktioniert bis heute, wie die anderen Maschinen auch, die mit ihrer Wucht das Haus erbeben lassen.

In der ehemaligen Wohnung der Frankes im Obergeschoss wurde ein Schuhmacher- und Leder-Museum eingerichtet. Seltsame Lederarten sind dort zu sehen: von Lachs, Leguan, Eidechse, Maus, Maulwurf bis zu Python und Ochsenfrosch.

Adresse Untere Straße 6, 07570 Weida | **Anfahrt** A9, Abfahrt Lederhose, auf der B175 nach Weida, dort über die Weida, dann rechts in die Brauhausgasse, weiter zu Untere Straß | **Öffnungszeiten** Do–So, Feiertage 10–18 Uhr, Führungen 10.15 bis 15.15 Uhr zu jeder Stunde und nach Vereinbarung über Tel. 036603 / 71350 | **Tipp** Die Osterburg Weida mit multimedialer 360-Grad-Projektion im Inneren des Turmes nicht versäumen.

WEIMAR

107 Genie ohne Sitzfleisch
Das Liszt-Haus

Das Liszt-Haus müsste eigentlich »Haus Nummer 2« heißen, denn hier wohnte der Komponist und Klaviervirtuose Franz Liszt bei seinen Weimar-Aufenthalten von 1869 bis 1886. Die erste Weimarer Etappe verbrachte Liszt von 1848 bis 1861 privat und in den Armen der Gräfin Carolyne zu Sayn-Wittgenstein in dem »Altenburg« genannten Gebäude an der Jenaer Straße. Die beiden lebten übrigens dort in wilder Ehe, was die Weimarer Bevölkerung zu heißesten Phantasien beflügelte. Immerhin bescherten Liszt und seine Künstlerkollegen samt dem inspirierenden Damenanhang der Klassikerstadt das »silberne Zeitalter«.

Hinter dem Jungpianisten Franz stand sein gestrenger Vater. »Petit Liszt« wurde als Mozart-Reinkarnation gefeiert. Mit dem Vater starb Liszts Motivation. Der vormalige Wunderknabe musste Arges einstecken. Mendelssohn Bartholdy nannte ihn den dilettantischsten aller Dilettanten, und Chopin schrieb, er sei eine pianistische Null. Rastlos reiste Liszt durch Europa und verschliss sein musikalisches Talent, seine Manneskraft und seine Reputation. Er war der King of Pop seiner Zeit, Groupies himmelten ihn an. Alle wollten eine Locke seines Haares. Liszt schaffte sich deswegen extra einen gut behaarten Hund an. Er verdiente Geld und warf es mit vollen Händen wieder zum Fenster hinaus. Erst Carolyne zu Sayn-Wittgenstein schaffte es, ihn zu ernsthafter, stetiger Kompositionsarbeit zu bewegen. Eine geplante Ehe scheiterte an Verwandtschaft und katholischer Kirche.

In der ersten Etage des Liszt-Hauses steht man original in seinem letzten Lebensabschnitt, den der Unermüdliche zwischen Rom, Budapest und eben Weimar verbrachte. Hier spielte er regelmäßig Sonntagsmatineen und gab unentgeltlich Unterricht. Man sollte auf die Details achten: Liszts Spazierstocksammlung ist eingehendere Betrachtung wert. Die mediale Dauerausstellung im Erdgeschoss beleuchtet Leben, Wirken und Werk Liszts.

Adresse Marienstraße 17, 99423 Weimar | Anfahrt A4, Ausfahrt Weimar, auf der B85 nach Weimar, dort Berkaer Straße bis zum Ende, nach links in die Marienstraße | Öffnungszeiten auf www.klassik-stiftung.de | Tipp Montag und Freitag hat das »Druckgrafische Museum/Pavillon-Presse« in der Scherfgasse geöffnet.

WEIMAR

108 — Schutz mit Charme
Das Schirmmuseum

Warum heißt der Schirm eigentlich Schirm? Weil er uns beschirmt. Und weil er Menschen sicher zurück zur Erdoberfläche verhilft – als Fallschirm, Gleitschirm und Bremsschirm. Dann gibt es noch den Lampenschirm. Schirm nennt der Forstwirt alle Baumkronen seines Waldes zusammen, es gibt den Landschaftsmaler Carl C. Schirm, und ohne Bildschirm wären wir kaum lebensfähig. Meistens meint man aber mit Schirm einfach eine aufklappbare Schutzschicht gegen Wasser von oben. Tragbare Sonnenschirme sind etwas aus der Mode gekommen, aber an der Ostsee leistet der Windschirm gute Dienste. Mit ihrer Prominenz und manchmal auch pekuniär dienstbar sind Schirmherr und -herrin.

Die erste und einzige Dame des Hauses in der Rittergasse ist eine der Letzten ihrer Zunft. Sie ist Schirmmacherin. Eine Meisterin ihres aussterbenden Faches. Als Beruf kann man das hierzulande nicht mehr lernen. Wer es unbedingt will, muss nach China, wo heutzutage die meisten Schirme herkommen. Schnell und billig gefertigt, in Europa preiswert verkauft. Die meisten könnten von China direkt in die Fundbüros geliefert werden.

Im ersten Stock befindet sich – Führung auf Wunsch – das kleine, charmante Schirmmuseum. Vor 250 Jahren wurde das älteste der Ausstellungsstücke angefertigt. Europa hat nur rund 300 Jahre Schirmgeschichte, weil man glaubte, Schirme seien Teufelszeug. In Asien beschirmte man sich schon im 3. Jahrtausend vor dem Jahre null. Rokoko und Biedermeier waren europäische Hochzeiten der Schirmmacherkunst. Einige Exemplare aus diesen Kunstepochen sind im Museum zu sehen. Goethe darf hier natürlich nicht fehlen, wir sind in Weimar. Diese »modischen Dinger zum Knicken« betrachtete der Geheimrat mit ironischer Skepsis.

In der obigen Aufzählung wurde ein Schirm noch nicht erwähnt: der Kuchenschirm. Erklärung für unwissende Erwachsene und Knirpse im Schirmmuseum.

Adresse Rittergasse 19, 99423 Weimar | **Anfahrt** A4, Abfahrt Weimar, Richtung Zentrum bis Goetheplatz, Parkplatz suchen, zu Fuß hinter das Kulturhaus »mon ami«, dort über Geleitstraße links in die Rittergasse | **Öffnungszeiten** Mo–Fr 10–18 Uhr, Sa 10–14 Uhr sowie nach Vereinbarung, Tel. 03643/903363 | **Tipp** Mit oder ohne Schirm durch den Ilm-Park wandeln – mit Besuch in Goethes Gartenhaus und Sonntags-Café (13–18 Uhr) in der »Villa Haar«.

109_ Von Kraft träumen
Das Milo-Barus-Museum

Wer schon einmal einen Elefanten gestemmt hat oder mit einem Pferd auf dem Rücken eine Leiter hoch- und drüben wieder runtergeklettert ist, weiß, dass man damit berühmt werden kann. Wahlweise kann man auch Telefonbücher zerreißen (nicht Seite für Seite, sondern im Ganzen) oder Doppeldeckerflugzeuge und Autos am Starten hindern oder wilde Stiere niederringen. Wer so etwas vermag, tritt vielleicht in die großen Fußstapfen von Emil Bahr, der als Milo Barus bekannt wurde und in den 1930er Jahren als »Stärkster Mann der Welt und Weltmeister im Lastentragen« galt. Der deutsch-tschechische Müllerbursche hat auch gern mal voll besetzte Straßenbahnen aus dem Gleis gehoben, Eisenketten zerbissen und Nägel mit der bloßen Hand in Bretter gedrückt. Wer solche Kraftsportkunststücke kann, ist weltweit gefragt, reist von Paris nach London, Kairo, Kalkutta, Buenos Aires und New York.

Menschenmassen staunten, wenn Milo Barus ein kleines Karussell anhob und rotieren ließ. Die Queen reichte dem Artisten 1931 huldvoll die Hand, der sehr friedliche Mahatma Gandhi unterhielt sich mit dem gewaltige Mengen Eisen stemmenden Kraftpaket und schrieb ihm eine Widmung auf die Fan-Postkarte. Bei den Nazis saß Milo Barus wegen angeblichen Landesverrats im Zuchthaus Berlin-Moabit. Rotiert ist Milo Barus nach dem Krieg auch in Thüringen, und zwar als Wirt im Mühltal zwischen Bad Klosterlausnitz und Eisenberg, wo er mit seiner Frau 1950 die Meuschkensmühle kaufte und als Ausflugslokal betrieb. Seine Biertrommel war aus massivem Stahl und schwerlich zu stehlen. Manchmal lief neben dem Muskelprotz ein zahmes Reh.

Seit der Jahrtausendwende treffen sich jedes Jahr am 3. Oktober Kraftsportler auf der Natur-Arena, um den Milo-Barus-Cup zu gewinnen. Das Museum präsentiert einmalige Exponate des erstaunlichen Artistenlebens von Emil Bahr aus Stará Červená Voda, dem Dorf, das früher Alt Rothwasser hieß.

Adresse Meuschkensmühle, Mühltal 12, 07639 Weißenborn | **Anfahrt** A9, Abfahrt Bad Klosterlausnitz, nach Weißenborn, dann Beschilderung ins Mühltal folgen | **Öffnungszeiten** Sa, So 13–17 Uhr, nach Voranmeldung (Tel. 0178 / 4932072) auch zu anderen Zeiten | **Tipp** Am 3. Adventswochenende verwandelt sich das romantische Mühltal zwischen Meuschkensmühle und Robertsmühle in den längsten Weihnachtsmarkt Deutschlands mit Hunderten Fackelwanderern und vielen lauten und leisen Attraktionen.

110 Hufeisen und Pferdestärken

Technisches Schaudenkmal »Gießerei Heinrichshütte«

1729 erteilte Graf Heinrich die Erlaubnis, in Wurzbach ein Drahtwerk zu bauen. Nach einem wechselvollen Schicksal (unter anderem als Brauhaus) wurde die Eisengießerei 1982 ein technisches Museum und Schaudenkmal. Zwar ist die Produktion eingestellt, dennoch wird hier nach wie vor allerlei gegossen.

Einmal wöchentlich auch während einer Führung für Museumsbesucher. In der historischen Gießereihalle kann man zuschauen, wie ein Gießer in einem Formkasten das Sandbett für einen Guss vorbereitet, das erhitzte Aluminium eingießt und nach kurzer Abkühlung die Sandform zerstört, um die fertigen Teile zu präsentieren. Diese Halle mit Hochofen, Kran und Gießerei-Gerätschaften ist nur einer der Ausstellungsräume. Nebenan gibt es eine Sammlung von gusseisernen Herden, kunstvoll verzierten Jugendstil-Öfen, Kaminplatten, Gugelhupf-Formen aus Grauguss, Waffeleisen mit aufgeprägtem Rezept, Grabkreuzen. In einem weiteren Gebäude warten technische Spielereien: kleine Heißluft-Motoren, die mit einer Kerzenflamme in Gang gesetzt werden.

Der Rundgang führt auch in ein Gebäude, das eigens für ein einziges Museumsexponat gebaut wurde: eine Vier-Zylinder-Zwillings-Tandem-Walzenzug-Dampfmaschine mit sagenhaften 15.000 PS, Europas größte und stärkste Dampfmaschine. Einst diente sie in der Maxhütte Unterwellenborn als Antrieb für eine Walzstraße. Heute wird sie per Elektromotor für Besucher angeschaltet, und wenn sie in Fahrt gekommen ist, ertönt ein ganz eigenwilliges Pfeifen. Ein Klang, den man im Ohr nach Hause tragen kann, gemeinsam mit den kleinen Aluminium-Hufeisen-Glücksbringern, bei deren Guss man eingangs zuschauen konnte. Wenn es ein bisschen mehr Glück sein darf, empfiehlt sich der Erwerb von Füßen für eine Gartenbank.

Adresse Leutenberger Straße 44, 07343 Wurzbach | **Anfahrt** A9, Abfahrt Bad Lobenstein, B90 über Bad Lobenstein nach Wurzbach | **Öffnungszeiten** Führung und Besichtigung Mo–Do 13 Uhr, Fr 10 Uhr; Besichtigung und Schaugießen nur mit Führung! Schaugießen Mi 13 Uhr, zusätzliche Termine siehe www.heinrichshuette-wurzbach.de, Anmeldung für Reisegruppen über Tel. 036652/22717 | **Tipp** Unbedingt das Trafohäuschen am Markt in Wurzbach ansehen!

ZELLA-MEHLIS

111 Friedlicher Volltreffer
Das Stadtmuseum in der Beschussanstalt

Manche Museen liegen etwas abseits der Touristenrouten und werden darum besucherseitig sehr stiefmütterlich behandelt. Unerklärlich ist, dass dieser unbefriedigende Zustand auch auf die Einheimischen abfärbt. Oder umgekehrt? Das Zella-Mehliser Museum in der ehemaligen Beschussanstalt ist so ein Beispiel – und hat das in keiner Weise verdient (mindestens vier Ausrufezeichen), denn das ist eine hoch professionelle Ausstellung voller spannender Details. Ein Stadt-Museum? Das ist Tiefststapelei.

Natürlich ist den Rohrverschraubern, Krätzermachern, Schäftern und all den anderen Büchsenmachern Platz eingeräumt, denn in der Beschussanstalt wurden ihre Arbeitsergebnisse geprüft. Aber alle Pomelkophilen dieser Welt müssen dieses Museum besuchen, ebenso alle Autofans und die Wintersportbegeisterten. Letztere stehen vor der Vitrine für den Olympiasieger und Doppelweltmeister Helmut Recknagel, auch Dreifach-Sieger der Vierschanzentournee und Gewinner vieler Skisprungmedaillen, als noch – Arme nach vorn – vom Bakken geflogen wurde.

Und die Pomelkophilen? Das sind die Korkenzieher-Sammler. Nun, jedem Tierchen sein Pläsierchen. Wir sind immer noch Jäger und Sammler. Die Weinöffnerfans müssen sich tief vor Heinrich Ehrhardt verneigen, dem 1840 in Zella-Mehlis geborenen Erfinder und Unternehmer. Der erfand fast nebenbei einen Korkenzieher, verkaufte das Patent 1867, und so heißt das noch heute bekannte und produzierte Weinverschlussziehgerät nicht Ehrhardt-, sondern Reissmann-Korkenzieher.

Aber dieser Heinrich Ehrhardt ist vor allem auch der Vater der Thüringer Automobilindustrie (siehe Seite 44). Mann und Produkt haben im Museum in der Beschussanstalt natürlich ihren Extraraum. Das ist längst nicht alles. Nach Vereinbarung wird hier Gruppen und Schulklassen zusätzlich einiges geboten. Man muss eben nur einmal die Touristenroute verlassen.

Adresse Anspelstraße 25, 98544 Zella-Mehlis | **Anfahrt** A71, Abfahrt Oberhof, Richtung Zella-Mehlis-Nord, über Heinrich-Ehrhardt-Straße, Hauptstraße zur Anspelstraße | **Öffnungszeiten** Mo–Fr 10–17 Uhr, Sa, So und Feiertage 10–16 Uhr | **Tipp** Das Technische Museum Gesenkschmiede in der Lubenbachstraße 4 hat die ältesten Brettfallhämmer Deutschlands mit über 16 Tonnen Eigengewicht und über vier Meter Höhe.

BONUS: RUHLA

112 Bestens zusammengefasst
Der Miniaturenpark mini-a-thür

Sie können nicht genug bekommen von Museen und suchen den Ort mit der größten Museumsdichte in Thüringen? Sie finden ihn am Waldrand bei Ruhla, im Reich des Wuwwerbözers. Nie gehört? Der Wuwwerbözer ist ein Berggeist, der Rübezahl ähnelt: mit langem Bart, breitkrempigem Hut und Knotenstock. Seit uralten Zeiten herrschte er über die Berge, hütete die Wälder und bewachte die unterirdischen Schätze. Scharen von Zwergen standen in seinem Dienst.

Als sich ringsum Menschen ansiedelten, beobachtete er sie neugierig und half ihnen unauffällig bei all ihren Arbeiten. Zuweilen jedoch fand er in unsichtbarer Gestalt Vergnügen daran, sie zu bözen (zu necken), dass ihre Herzen heftig wuwwerten. Staunend sah nun dieser Geist, welch architektonischen Reichtum die Menschen im Thüringer Land schufen. Weil er auch solche Burgen, Schlösser, Kirchen, Fachwerkhäuser und Bahnhöfe sein Eigen nennen wollte, beauftragte er die Zwerge, ihm etwas Ähnliches zu bauen. Ach was, nicht nur ähnlich sollten die Gebäude werden, sondern haargenau so aussehen wie das Original!

Emsig fertigten die Zwerge ein Bauwerk nach dem anderen. Über 100 sind es bereits, und es werden jährlich mehr. Zwergenklein, aber originalgetreu bis hin zur Anzahl der Dachziegel, aufgebaut im Lappengrund nahe des Rennsteigs. Da stehen nun, nur einen Grashüpfersprung voneinander entfernt: die Wartburg, die Dornburger Schlösser, das Bachhaus in Eisenach, das Theater Meiningen, der Altenburger Bahnhof, die Oberweißbacher Bergbahn. Belebt mit witzigen Szenerien: Ein Brautpaar steigt in ein nobles Auto, drei Handvoll Leute huldigen dem Papst, ein Ritter in Rüstung trifft auf eine junge Frau im Minirock. Zwischen den Drei Gleichen eine dreispurige Autobahn mit Spielzeugautos in beiden Richtungen. An den Rathäusern und Kirchtürmen prangen Ruhlaer Uhren.

Adresse Geschwister-Scholl-Straße 32, 99842 Ruhla | **Anfahrt** A4, Abfahrt Sättelstädt, auf L3007 Richtung Eisenach, hinter Schönau links auf die B88, durch Wutha-Farnroda, Thal nach Ruhla, der Ausschilderung folgen | **Öffnungszeiten** im Sommer täglich 10–18 Uhr, im Herbst täglich 10–17 Uhr, genaue Angaben siehe www.mini-a-thuer.de | **Tipp** Gleich neben dem Miniaturenpark lockt Deutschlands steilste Sommerrodelbahn.

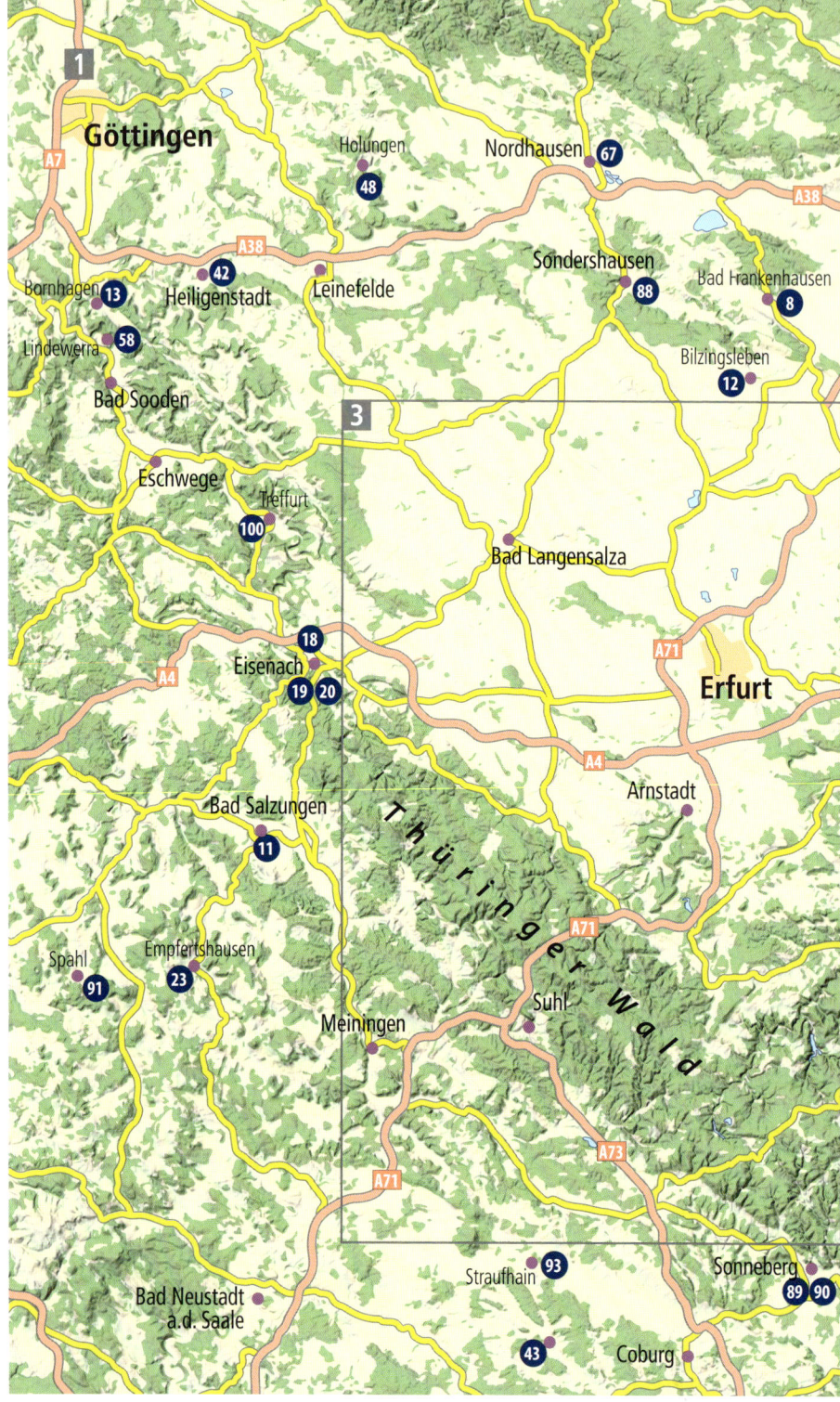

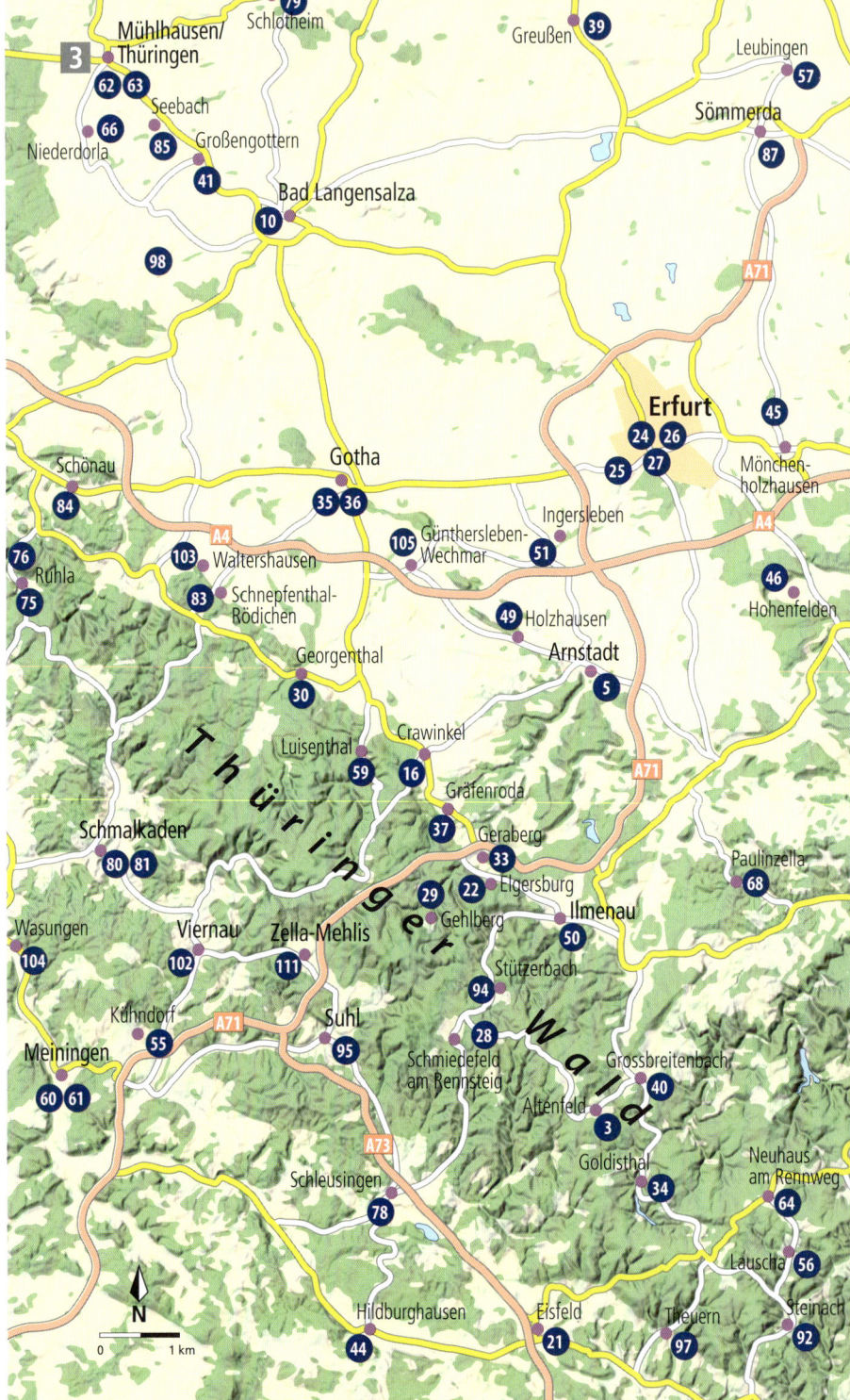

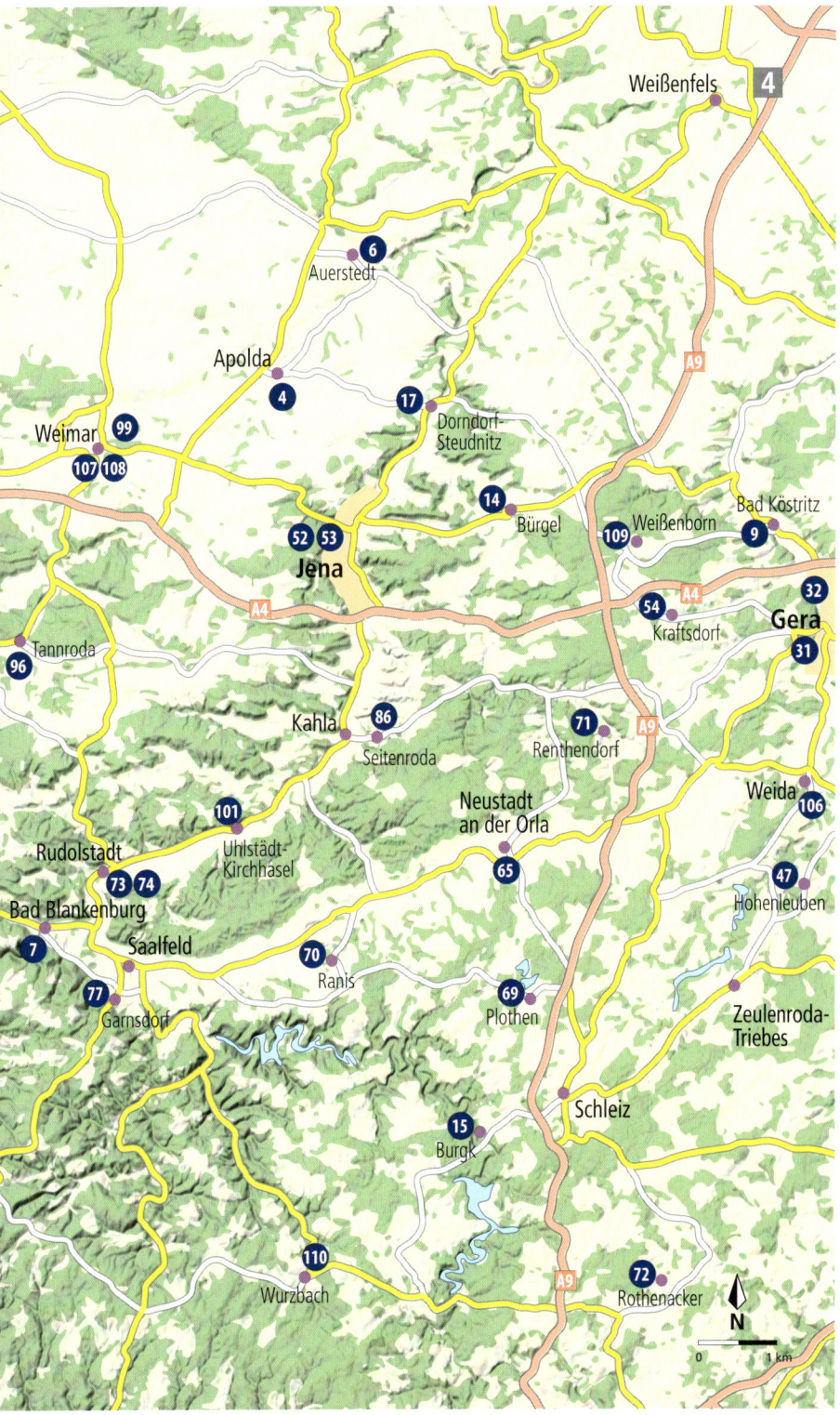

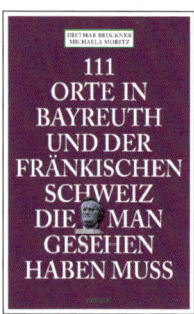

Dietmar Bruckner,
Michaela Moritz
111 Orte in Bayreuth und der Fränkischen Schweiz, die man gesehen haben muss
ISBN 978-3-95451-130-3

Ulf Annel
111 Orte in Weimar, die man gesehen haben muss
ISBN 978-3-95451-201-0

Ulf Annel
111 Orte in Erfurt, die man gesehen haben muss
ISBN 978-3-95451-022-1

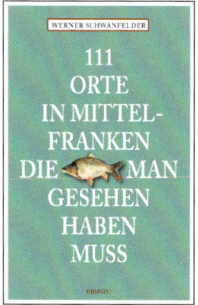

Werner Schwanfelder
111 Orte in Mittelfranken, die man gesehen haben muss
ISBN 978-3-95451-336-9

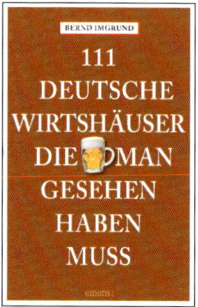

Bernd Imgrund
111 deutsche Wirtshäuser, die man gesehen haben muss
ISBN 978-3-95451-080-1

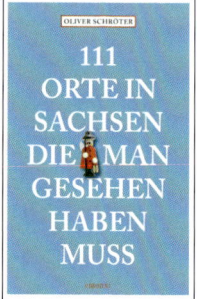

Oliver Schröter
111 Orte in Sachsen, die man gesehen haben muss
ISBN 978-3-95451-021-4

René Förder
111 Orte in Sachsen-Anhalt, die man gesehen haben muss
ISBN 978-3-89705-911-5

Daniela Bianca Gierok,
Ralf H. Dorweiler
111 Orte im Schwarzwald, die man gesehen haben muss
ISBN 978-3-89705-950-4

Oliver Schröter
111 Orte in Leipzig, die man gesehen haben muss
ISBN 978-3-89705-910-8